ÉLOGE DE QUELQUES INUTILES
(et autres célébrités)

VINCENT ROCA

ÉLOGE DE QUELQUES INUTILES
(et autres célébrités)

le pré aux clercs

ISBN : 2-84228-233-7
Numéro d'Éditeur : 213

Retrouvez-nous sur Internet : www.lepreauxclercs.com

SOMMAIRE

Le G à F des célébrités

(Le trajet de A à Z était beaucoup trop fréquenté !)

PRÉFACE

Vincent Roca a un don : il aime. Il aime ceux qui jouent, qui chantent, qui dansent, qui peignent, qui parlent. Il aime ses frères en écriture, ses frères de mots, ses pairs.

Vincent Roca a un autre don : il voit leur parcours étoilé, leur trace, il sait dégager ce qui n'appartient qu'à celui ou celle qu'il aime.

Vincent Roca a un troisième don : il écrit. C'est l'ami des mots, l'orfèvre. Il les invente, les apprivoise, jongle avec, fabrique des perles.

Ces chroniques amoureuses brillent comme celui qui vient de naître, fraîches, étonnées, réjouies. Elles sont la médaille que lui seul leur décerne, en vertu d'un pouvoir qui n'appartient qu'à lui, qui ne lui a été conféré par personne.

Philippe Avron

Allegro ma non (avant-)propos

Deux fois par semaine, depuis cinq ans, je me retrouve au studio 106 de la maison de la Radio, assis à une table ronde, avec en ligne de mire Stéphane Bern, monsieur Loyal de notre cirque, maniant la marotte ou le bon ton, un (ou deux) collègue(s) humoriste(s), une flopée de journalistes, chevaliers braillards sabreurs et mouches du coche, l'incompressible Guy Carlier, tireur d'élite et des litres de fiel sucré-salé, et l'invité, victime consentante (et même parfois « demandante ») de nos sarcasmes, saillies, envolées lyriques et détournements de mots...

Exercices d'admiration parfois, exercices de style souvent, punitions rarement, les textes qui suivent, lus en direct à l'antenne de France-Inter, dans l'émission *Le Fou du Roi*, trouvent ici une seconde vie : passage de l'oral à l'écrit, ou plutôt, juste retour des choses, retour de l'écrit à l'écrit, puisque ces textes, avant d'être dits, ont été minutieusement couchés et amoureusement bordés sur le papier, petites sculptures sur mots, sorties de mon atelier à phrases, à grand coups de ciseaux à pépier, pince à épiloguer, marteau-rieur, fer à ressasser et brosse à réjouir.

Diplômé des arts-dico, je me suis, en fin de compte, offert de magnifiques voyages au lexique, d'où j'ai rapporté des valises et des valises de mots, mots que j'ai tenté de disposer dans un ordre harmonieux pour faire l'éloge de telle ou telle « célébrité ». *Éloge de quelques inutiles*, donc, puisque ces artistes, écrivains, comédiens, créateurs d'illusions et autres navigateurs salutaires ne sont pas des « productifs », au sens où l'entend monsieur le baron Ernest-Antoine Sellières, qui, lui, ne se prive pas pour joindre l'utile au désagréable !

Que Stéphane Bern, qui m'a permis, durant ces cinq années, de m'adonner, en public et en toute impunité, à cette drogue que sont les mots, soit ici chaleureusement remercié.

Vincent Roca

À Odile

qui m'a vu si souvent
descendre à la mine
et au taille-crayon,
et sur qui j'ai déversé
des tombereaux de charbon
pour quelques rares pépites.
Qu'elle soit ici
remerciée de sa patience
et de son jugement
toujours sûr.

Michel Galabru

On est tous des Galabru

J'aime bien Michel Galabru, car c'est un concentré de tout le monde, un condensé de toi et moi, il reste pour ainsi dire à portée de main. On l'emporterait volontiers chez soi. Il y a des agrégés de grammaire, lui c'est un abrégé de grand-père ! On se sent proche de lui, on est comme lui, on a des parcours en zigzag, on a fait du n'importe quoi, beaucoup de n'importe quoi, et puis on a fait quelques belles choses, oh ! pas des kilomètres, mais on n'est pas peu fier ! On est tous des Galabru ! Pas de ces Raimu ou de ces Jules Berry qui pointent au firmament des icônes avec *Les Visiteurs du soir* ou *La Femme du boulanger,* qu'on regarde religieusement sur son lecteur de DVD, devant qui on se sent tout petit, non, on n'a pas fait que des chefs-d'œuvre, on a tous quelque part dans sa filmographie des navets qui s'appellent *Le Trouble-fesses* ou *Y a un os dans la moulinette*, on est tous des Galabru ! On a tous eu des choix cornéliens à faire, et la décision qu'on a prise n'était pas très glorieuse, on nous proposait un beau texte d'Anouilh, pour la gloire, pour pas un rond et, en face, on nous donnait un million pour se coller un képi sur la tête et faire le zouave avec Jean Lefebvre, on n'avait pas trop le choix en fait, les factures s'entassaient, alors on a fait ses valises, on est partis pour Saint-Tropez en laissant Anouilh sur le palier, avec son manuscrit, Gros-Jean comme devant, on est tous des Galabru !

On a tous rêvé à quinze, seize ans d'être Sacha Guitry et à cinquante-deux ans on tourne *Le Plumard en folie* avec Alice Sapritch. On a tous eu un père ingénieur des Ponts et Chaussées, un type bien qui travaillait, qui faisait des ponts et des tunnels, du solide, de l'utile, un type qui voulait qu'on soit quelque chose, alors, quand on a joué sa première pièce, on l'a invité pour lui montrer qu'on était un début de quelque chose, on est tous des Galabru ! On est tous allés s'asseoir sur un banc, devant la porte de son Dieu vivant, et on n'a pas osé entrer, parce qu'on n'aime pas être regardé de haut. On a tous été trop gros, trop laids, on a tous passé des castings, des auditions, et on s'est tous entendu dire :

— Et à part ça, qu'est-ce que vous faites ?

— Du droit.

— Continuez !

On s'est tous rêvés Alain Delon et on s'est réveillés avec un gros nez ou un pied bot, ou un ventricule détraqué ; des Alain Delon y en a pas beaucoup, y doit y en avoir qu'un seul, et même celui-là, il ne rêve que d'arriver à la cheville de lui-même, on est tous des Galabru ! On a tous vendu des assurances incendie, fait du porte-à-porte, du bric-à-brac, du touche-à-tout, on a tous des cauchemars où l'on est crucifié par des agents du fisc, où cinquante harpies en furie vous délestent de votre carte bleue, on est tous des Galabru !

On a tous voulu maigrir, on a commandé des cassolettes et des cassolettes de calamars, mais on a ajouté « sans sauce ! » et puis on s'est repris : « enfin, pas trop... », en se servant du vin basque d'Irouleguy à la robe pourpre foncée. On nous a tous marmonné dans le dos : « Celui-là, quand on lui donnera un beau texte, il sera formidable ! », on l'a attendu, le beau texte, et en attendant on a lu l'annuaire, on a déclamé les horaires de chemins de fer, on n'a pas joué le général Bonaparte, alors on a fait l'adjudant Cruchot, on est tous des Galabru ! On a tous eu un premier prix, oh ! pas forcément de comédie, peut-être d'histoire, de mathématiques ou d'instruction religieuse. Rappelez-vous : un beau livre sur la Renaissance italienne qu'on range à vie sur une étagère, et le soir, devant sa télé, on regarde les documentaires sur les animaux. On a tous voulu être joueurs de foot ou chauffeurs de car, on est tous des Galabru !

On en a tous fait des kilos, roulé des billes, hurlé des insanités, lorgné sur des croupes rebondies, on a tous pris sa roulotte, ses enfants et ses rêves et on a joué sur les places de marché, dans les villages, avec sa tribu, on est tous montés sur une scène comme on monte au paradis, on est tous des Galabru ! Et on a tous, au moins une fois dans sa vie, donné plus qu'on nous demandait, on a tous touché la grâce, l'indicible, on a surpris le bourgeois, on a scotché la critique, on a tous joué un assassin en allant puiser profond dans ses boyaux, sans fatigue, juste un gros trac, on est tous des Galabru !

On est tous des Galabru, sauf peut-être le Baron Ernest-Antoine Sellières, lui c'est l'anti-Galabru, il a oublié qu'il était gamin, qu'il faisait caca dans ses couches, il a oublié que lui aussi se retirait les crottes du nez avec l'index, « Ernest-Antoine, mon bichon, la maîtresse dit que tu n'arrêtes pas de traiter le petit Galabru de fainéant et de profiteur ! Tu perds ton temps, il va être viré avant la fin de l'année ! Va jouer avec le petit Raffarin ! » Heureusement qu'on n'est pas tous des barons Ernest-Antoine Sellières, il reste encore quelques bouffons !

Et puis on a tous une fois dans sa vie eu quatre-vingt-un ans, on est tous montés sur scène encore une fois, parce qu'on est des accros, et que c'est le seul endroit où l'on peut fourguer ses excédents de bagages, jouer la démesure, la foison, l'exorbitance, la somptuosité, l'outrance et le trop-plein, on est tous des Galabru mais il n'y a que Galabru, le veinard, qui l'emportera au paradis !

Max Gallo

Julio Hystérias

Vous m'avez beaucoup déçu, Max Gallo ! *Errare humanum est,* certes, mais vous, Max, le coq italien naturalisé gaulois, vous nous dressez le panégyrique de Caius Julius César, alias Caillot de Sang, alias Julio Hystérias, alias faut pas lui marcher sur César-pions, faut pas piétiner César-bustes, mais faut payer César-doises ! Voilà que vous ramenez votre fresque, publiée chez XO Éditions, comme c'est curieux, X comme Max et O comme Gallo, *César Imperator*, avec Arnold César-guéguerre, beau gosse tout en muscles, la star des gynécées, le maître nageur des caldarium, l'étoile des péristyles. *César imperator,* qui déclare, j'ouvre les guillemets pour laisser passer la sentence : « Marcher sur ces cendres encore fumantes, écarter du pied ces corps égorgés. C'est l'humus de la guerre, celui qui donne la gloire et le pouvoir. » César, ou comment grimper les marches de la gloire en écrasant ses semblables ! *César escalator, César émasculator et à travers !* Et sur les quatre cent cinquante pages de votre césarolâtrie, Max Gallo, vous réglez en une centaine de pages la conquête de la Gaule, l'écrasement de notre beau pays sous la botte romaine ! Vous traînez nos ancêtres les Gaulois dans la boue d'Alésia ! Vous versez-gétorix aux oubliettes ! Et vous roulez nos ancêtres les Gauloises entre vos doigts mal intentionnés, *vae victis*, malheur aux vaincus !

Oui, nous descendons des Gauloises, nous avons même du sang Gitane, nous sommes fiers d'appartenir à ces peuplades barbares-tabac, les Mégots, les Visimégoths, les Ostromégoths, les Clopes, les Boutfiltres, les Cibiches, les Sèches, les Tiges, nous sommes fiers de nos fumeux ancêtres, les Balto, les Celtiques, les Caporal, les Boyards, les Royales, les Bouffardes, les Pipes (méfie-toi des Pipes, César, ce sont des culottés !). Ah ! tu rêves de tabasser les Gauloises, et les réduire en cendres ? Mais tu vas te recevoir des cendriers dans le péplum et un cancer dans le duodénum ! Oui, César, nous avons la Gaule, la Gaule chevelue ! C'est notre arme absolue, fièrement érigée ! Nous arborons notre étendard turgescent, notre javelot d'amour, regarde, notre porte-enseigne saigne, nous défendrons notre droit de glaive, contre tes soldats romains qui, on s'en doute, sont légion ! On va te serrer la ceinture et le centurion, empapaouter tes fantassins, faire valser tes cavaliers, bonjour les légats, on ne fera qu'une lichée de tes cavaliers humides, tes archers crétins et tes frondeurs de bazar !

À moi, les peuplades, sus, sus et re-sus à César ! À moi, cousins Germains, les suaves Suèves, les Cimbres, les Cymbales, les Teutons, les Tétons, les Usipètes, les Usifruits, les Tenctères, les Tentures, les Tapisseries, les Ubiens, les Ubiquistes, les Sicambres, les Sodium et les Sycomores... À moi, les gardes Suisses, les bien Helvètes, les Suçons, les Nerviens, les Nerveux, les Bellovaques, les Babybels, les Calètes, les Calèches, les Caldoches, les Véliocasses, les Vélos cassés, les Velux, les Rétrovirus, les Gyrophares, les Condruses, les Cérèses, les Éburons, les Zébulons, les Trévires, tous contre César Tour Imperator, sale engeance de voyages ! À moi les Bituriges, les Barbituriges, les Bitures, les Muflées, les Cuites, *in vino veritas*, les Sénons, les Séouis, les Carnutes, les Carlier, les Atrébates, les Acrobates, les Hyperbath, les Allobroges, les Allogènes, les Allô j'écoute, les Santons, Le bœuf et l'âne et le Petit Jésus ! À moi les Soldures, les Solmous, les Saules pleureurs, à moi les Aulerques, les Aubergines, les Lémovices, les Hémophiles, les Nitiobriges, les Nitroglycérines, les Helviens, les Pelviens, les Pubis, les Mandubiens, les Mandibules et les Mandatés !

Je sais, Max Gallo, on aura beau rameuter le ban et l'arrière-ban, le banc de jardin, le banc d'école et le char à bancs, on ne lui arrive pas aux chevilles à votre César ! Chevilles qu'il a tellement gonflées qu'il en pétera les lanières de ses sandales. Le pouvoir, conquis par une brute, finira dans le sang d'un Brutus, *ite missa est* ! Ça a donné quoi, cet Empire romain ? Une botte de radis italiens, un Vatican retranché et un petit bonhomme, Berlusconi. Est-ce que ça valait la peine de se donner tant de mal ? Vous pourrez toujours écrire une trilogie, après *César Imperator, Imperator 2, le retour,* ou la vie de Jean-Polak double 0 deux, pontifex maximus catholicus et *Imperator 3,* Berluscomix, le nominé aux Césars de l'embrouille et de la soupe min-histrionne ! Mais au fond, peut-être bien que vous avez raison, Max : à côté de votre petit Jules, nos Saddam, Slobodan, Ariel, Debeliou et Oussama sont des enfants de chœur, des premiers communiants boutonneux en phase prépubère ! Mais un César alligator est peut-être en gestation quelque part, bien au chaud dans un ventre anonyme. Allez savoir, ça revient régulièrement, ces petites bêtes.

Je vais quand même me remettre au latin, on ne sait jamais ! *Cave canem…* attention, chien méchant ! *Naturam expelles furca, tamen usque recurret, Max.* Chassez la nature avec une fourche, elle reviendra toujours au galop, Max !

Philippe Geluck

Le stylosophe

Coïncidence ? Hasard du calendrier ? Signe du destin ? Passage de relais ? Jacques Derrida nous quitte et Philippe Geluck arrive. Un philosophe s'en va, un stylosophe s'en vient. Oui, Geluck est un stylosophe, sa sagesse, c'est sa plume, son trait, qu'il soit de crayon ou d'esprit. Geluck est un touche-à-tout de la pensée. Embarqué sur le navire terre, pas sage et clandestin, il voyage à fond de calembour. Le calembour est la fiente de l'esprit qui vole, disait Hugo, qui était loin d'être contestable, Geluck est donc adepte de fientologie. Il fait aussi de la déconne-au-logis, de la fantaisie-au-logis, de la frivolité-au-logis, bref, il fait tout chez lui ! Il n'est pas que stylosophe. Il est aussi stabilosophe : il surligne le quotidien, il met un peu de couleur sur nos gribouillis grisonnants d'égrillards mistigris aigris.

Geluck dissout nos chagrins avec un gros chat gris chebran. Le Chat est devenu une institution, un concept contemporain. Content pour rien, comme dit mon ami Wally ! Geluck est le Nietzsche des temps modernes. Son surhomme est un surchat ! Geluck et Zarathoustra sont comme nietzschéen et chat. D'ailleurs la devise de Geluck est : Zaratout c'travail pour si peu ! La stylosophie de Geluck est fondée sur trois concepts : le Chat, le moi et le surmoi. Auxquels s'ajoute un quatrième concept qui revient de façon cyclique : la fin de mois. Le Chat est omnipotent, omniprésent, omniscient et omnivore. C'est une sorte de Guy Carlier à gros nez et en slip léopard. Geluck fait parler le chat à sa place, c'est le La Fontaine du XXIe siècle. Une fontaine de jactance. Le Chat est un substitut. Non pas un procureur, non, un ersatz, un succédané. D'ailleurs c'est le succès de l'année. Geluck est le chat. Le chat est Geluck. Geluck n'est pas méchant, comme son chat il a la griffe rétractile. Geluck court après les sourires comme son chat après les souris. Le lecteur est la croquette de Geluck. Que ne ferait Geluck pour l'appâter ! Grâce au Chat, Geluck prend des Messies pour des Sauternes, des WC pour des poternes, l'Helvétie pour une citerne et les paramécies pour des subalternes…

Derrida a écrit *L'Archéologie du frivole*, Geluck, lui, le frivole, il connaît, non seulement il est archéologue du frivole, mais il est spéléologue du futile, terrassier du volatile, caviste du badin ! Il est marchand d'oiseux, colporteur de vide, bourreur de creux, il roule au superflu, sur les bas-côtés, sur la bande de se marrer d'urgence ! Derrida fut un grand penseur, digne de Rodin, Geluck, c'est le penseur de rondin, picotin, La Marie a fait son pain Pas plus haut que son levain. Son levain était moisi. Son pain n'a pas réussi. Tant pis ! Geluck, c'est une usine à gags, un moulin à fariboles, un four sommaire, une centrale ironique, un groupe hétérogène à lui tout seul, un haut-finaud. Jacques Derrida est mort d'un cancer du pancréas, le pancréas de Philippe Geluck se porte comme un chat ! Il fait partie du système distractif, il sécrète des hors normes, des enzymes azimutées, qui aident à digérer les crasses élémentaires.

Derrida a créé le concept de « déconstruction », Philippe Geluck celui de décontraction. Si j'osais je résumerais ça dans une formule lapidaire : Jacques Derrida, Geluck déride encore. Il paraît même que Philippe a écrit des opéras. Les fameux opéras de Gluck. Derrida a été président du CRAC, le Comité Radicalement Anti-Corrida. Lutter contre la corrida, c'est bien. Mais que fait-on contre le Coryza ? Une maladie du Chat ! Qu'est-ce que vous foutez, Geluck ? Je propose de vous nommer président du CRAC, le Comité Radicalement Anti-Coryza ! Vous qui avez la fosse nasale moqueuse, vous êtes l'homme qu'il faut pour lutter contre l'inflammation des muqueuses de la fosse nasale. Notez que Derrida ne fut pas anti-corrida parce qu'il s'appelait Derrida. Sinon Geluck serait anti-aqueduc, anti-archiduc, anti-eunuque et anti-perruque. Derrida aurait dû mourir d'un coryza : mourir d'un rhume de cerveau, pour un philosophe, c'est la moindre des choses ! De quoi allez-vous mourir, Geluck ? Savez-vous que la mort ne se prépare pas au dernier moment ? Typhus, coryza, rage, ténia, ascaris, calculs urinaires ? Ou souhaiteriez-vous mourir d'un trop-plein de Geluck-ose ?

Bien sûr, vous aimeriez, comme tout le monde, effeuiller la marguerite indéfiniment… encore eût-il fallu que les marguerites durassent, que les cuisiniers s'éduquassent, que les marchands de fruits exotiques ahanassent, que les internautes enrobassent, que les secrétaires du cadastre remembrassent, que les clowns se grimassent, que les géographes à la tâche s'attelassent, que les coiffeurs s'égratignassent, que les vautours dérapassent, que les SDF s'empalassent, que les cafetiers s'enterrassent, que les cigognes séchassent, que les restaurateurs espagnols se retapassent, que les danseurs hongrois lézardassent et que les décolorées rouspétassent !

Cher Philippe Geluck, nous n'allons pas miauler sur notre sort ! Longue vie à votre minou, qui est, somme toute, un animal de bonne compagnie, un peu bavard, certes, mais nous, on donne volontiers notre langue à votre chat !

Franz-Olivier Giesbert

Visite de la crotte

Un jour, il faudra bien oser chanter la crotte,
cette fleur des abîmes que la vie décompose
avant de se réinventer dessus.
Il faudra oser la chanter parce que,
contrairement à la légende,
elle est d'abord une promesse.

La crotte ! La tentation était trop grande de relever le défi ! Je me suis dit : voilà un sujet de chronique excrément fécond. Mais comment chanter la crotte ? Fallait-il comme Finkiel-crotte user du concept philosophique, évoquer le fondement de l'humanité ? Ou jouer les Beethoven scatomanes en écrivant une sonate à Crotte-zer ? Faire office d'archéologue en débusquant les crottes préhistoriques ? S'abandonner à la folie excrémentielle à la Crott-sfeld-Jacob ? Adopter le point de vue de la mouche, pour laquelle l'étron est la promesse d'un somptueux festin ou celui du vieillard pour lequel une déjection posée sur un trottoir, véritable crotte-en-jambes, fait office de patinoire et constitue une formidable promesse de fracture du bassin ?

Fallait-il chanter l'abondant purin (« Quand y en a purin y en a pur deux ») ou la trop rare fiente globuleuse de la chèvre qui s'étire en collier de perles noires ? Fallait-il rendre hommage aux selles des cyclistes, véritables bombes AZF bourrées de produits illicites, ou à la grosse commission de Bruxelles, dont le seul but clairement identifiable est d'emmerder 600 millions d'Européens ? Était-ce la bonne heure, à l'approche du repas, pour glorifier l'immondice, louer la pertinence de la pestilence, barboter dans la fange, se souiller dans la bauge, bref consacrer son papier à l'infection des siens ? Fallait-il user, comme Victor Hugo, de l'alexandrin, après tout la crotte ne fait-elle pas bon ménage avec les vers :

Il est réconfortant de savoir que la mouche
Après s'être gavée aux étrons du chemin
Cassants, moelleux ou verts, humains ou bien canins
Oubliant pour un temps les plaisirs de la bouche
Doive immuablement se rendre au petit coin
Pour soulager un peu ses propres intestins !
Ironie du destin, rien que de très banal,
Mais c'est à consigner, je crois, dans les annales !

Fallait-il donner du calembour, n'est-ce pas encore Hugo qui déclare qu'il est la fiente de l'esprit qui vole ?

— Ni poisson, ni taureau, encore moins bélier, scorpion ou gémeaux, l'homme est avant tout du signe du *sanitaire* !
— La défécation est l'art d'accompagner les restes…
— Mieux vaut une vraie croyante qu'une fosse sceptique !
— Coliques dans les prés fleurissent, fleurissent…

Fallait-il se laisser aller, sans retenue, à la diarrhée verbale ou garder une constipation littéraire de bon aloi ? Fallait-il faire un sort à la bouse, crotte vachement typique, scato d'anniversaire pour coléoptères coprophages, « et un crotte-monsieur pour la bouse ! », au guano, puissant engrais quechua tombé du ciel, au lisier (vous lisiez ? eh bien fumiez, maintenant !), au caca d'oie, couleur des militaires, aux bousiers, scarabées qui vivent dans le besoin, à la courante, cette danse de Saint-Guy des agités du sphincter ? Fallait-il se rouler dans le symbole fécal, glorifier le caca nerveux, cette fiente de l'esprit qui vole bas, débusquer les fumiers qui n'engraissent que leurs personnes ? Fallait-il jouer de la métaphore, glorifier les sculpteurs sur bronze, les fumeurs de cigare, les collectionneurs de pêches miraculeuses ?

Fallait-il au contraire entrer dans le vif du sujet et jouer les prix Nobel en décrivant par le menu, si j'ose dire, les différentes phases du processus d'expulsion (expulsion avec ou sans-papier, d'ailleurs) : « Expulsion des matières fécales, la défécation résulte de l'invagination du sigmoïde contenant les matières dans le rectum, temps inconscient, puis, à la suite du besoin, de la contraction des muscles abdominaux et du releveur de l'anus, coordonné au relâchement du sphincter anal. » Fallait-il rester dans le grand monde, déguster du crottin sur canapé, péter dans la soie, se rendre aux commodités, aux lieux d'aisance, aux chalets de nécessité, bref, tourner autour du pot ? Fallait-il manifester sur les crottoirs en demandant la liberté d'excrétion pour tous ? Fallait-il alerter les cabinets ministériels, le ministre des moto-crottes, lancer une armée de petits hommes verts pour la propreté de Paris à l'assaut des « promesses canines » ?

Oui, vous avez raison, Franz-Olivier Giesbert : « Il faudra oser chanter la crotte parce que, contrairement à la légende, elle est d'abord une promesse ! » Les excréments engraissent la terre, ils contiennent en eux le germe de la vie ! Laissons les crottes vivre leur vie de crottes. Respectons les étrons, chantons la décomposition, le pourrissement, les chiures, ces copeaux de vie ! Chantons la crotte démocratique : que l'on soit roi ou moins que rien, on chie pareil ! Oui, Franz-Olivier, la crotte est une promesse. Par les temps qui courent, j'aurais même tendance à dire que l'inverse, Olivier-Franz, est tout aussi juste : car la promesse, électorale, par exemple, n'est-elle pas de la crotte ?

Bernard Giraudeau

L'âge d'horizon

On en a reçu des marins ici, au *Fou du Roi*, des tireurs de bord, hisseurs de toiles, brodeurs de foc, souqueurs de guinde, choqueurs d'écoute, enrouleurs de drisse, dégrafeurs de cordages en tout genre, des avaleurs de ris, qui marchent au soleil et aux étoiles, qui font l'amure avec le vent, lui arrachent des bises, labourent des champs d'alizés, récoltent des trempettes, des solitaires, des soli-mers qui font du chenal de course, faiseurs et défaiseurs de nœuds, des originaux qui sont restés des nuits sous leur coque retournée, des m'as-tu pas vu qui vont loin mais qui ménagent pas leur mâture, des senti-marteaux qui ont de la bouée sur leurs hublots dès qu'ils évoquent leurs carènes chéries, on en a reçu de la marine qui flirte avec le haut de la vague, de la marine de précision, météo par ordinateur et courses de côtes, on en a admiré des Ferrari des mers, des catamarans, des trimarans, des monocoques, des multicoques, de la marine de fibre de carbone, aux voiles truffées de logos à des paquets d'euros le cm^2, de la marine de Formule 1 et de bulles de champagne qu'on se balance à la figure en franchissant la ligne d'arrivée, de l'Ellen MacArthur, boule d'écume, capitaine de biberon, qui fait ses courses au large, et ramène des paquets de mer dans ses petits bras, du Bourgnon, du Peyron, tous fêlés de l'étrave, qui passent leur temps à se chercher des proues dans la tonsure, on a même reçu plusieurs fois le marin des îles, quand y a une Canarie à faire, elle est pour lui, l'Antoine à fleurs, le pirate de lagon qui change d'atoll comme de chemise, qui se fait les Bermudes en bermuda, le paresseux du clapotis, le nonchalant du chaland, le matelot du curaçao, qui sirote la mer avec une paille et deux glaçons…

Mais aujourd'hui, on change de bateau : c'est du lourd ! On est dans le gros, dans le mastoc, ruffians et rafiots, on met les mains dans le cambouis, popote et mataf, on patauge dans le fioul, cette bave de cargo, on a le nez sous le capot, on se mazoute les rêves aux hydrocarbures, on voyage en soute, dans la salle des machines, les amours sont rouillées, y a des fuites partout, on a des cales sous les pieds, des grumes dans les narines, des brumes au fond du crâne, ça sent la peinture, ça tète au cubi, les clés de douze volent bas, ça suinte, ça dégouline, y a des taches d'huile de vidange sur les ego, les cœurs prennent l'eau, les vague à l'âme rebondissent sur les carcasses de tôle. Poubelles flottantes, épaves en survie, c'est plus des Ferrari des mers, c'est de la bétaillère de gros bouillon, du gros-cul rugissant, du compresseur de rouleaux, de la moissonneuse-lieuse-batteuse de flots, ça découpe la mer au chalumeau, ça déplace des blocs de baille, ça arrache des tonnes de gravats de flotte. C'est comme des films d'aventures, métrages au long cours, où on dirait « moteur » et on y resterait dans le moteur, là où ça turbine, où y a d'l'eau dans l'gazole, là où l'amour est en surchauffe, où on coule des bielles et des belles. Les hélices sont pâles, pas de femmes à bord, alors les hommes, les femmes leur sortent par les pores, les amours se ramassent à la grosse tuyère, les amours ont diesel et les chagrins sont en acier. Y a des troupeaux de chevaux dans les moteurs de bateau !

Bernard Giraudeau dit qu'il est un homme de ports. Docker honoris causa de l'université des Containers, il a dû être gamin des grues, à La Rochelle, en débardeur sur les quais. On a l'impression qu'il a toujours eu la salive salée, il en « naval » (pas étonnant quand on s'est gavé tout petit des saucisses de poisson !), il parle par vagues, il paraît qu'il pique des colères, non, il écume, pensez, cet homme a fait ses classes sur la *Jeanne d'Arc*, la passerelle d'Orléans ! Il a fait l'école du voyage, crayons de croiseur, gomme arabique, compas gyroscopique, cacaoyer à spirales, carnets de route, plumier de cacatoès, cartable en peau de croco, tiens, voilà ton goûter, oui, encore des saucisses de poisson, tu es un Giraudeau mon petit, pas un Girau de Terre, comment veux-tu franchir le cap Horn et réussir ton trophée Volvic quand tu seras grand, regarde tes petits copains à quai comme ils sont pâlots, toi et eux, c'est le jour et l'ennui, et n'oublie pas ton turbo-alternateur, tu l'as bien remonté ? J'ai trouvé des joints sous ton lit, c'est quoi tous ces joints ? C'est pas dans la tête qu'il faut voyager, il faut les avaler les milles, t'es pas Antoine, mon Bernard ! Tu vas pas prendre la mer une fois par an au salon nautique et jouer aux cartes murales dans un transat en solitaire… Allez, enfile ton bleu de chauffe, et va bosser !

La mer ça fait des bosses et, derrière chaque bosse, y a de l'inattendu, c'est pas du liquide anecdotique, du sirop pour calmer la toux, vas-y Bernard, tu as l'âge d'horizon, t'es en partance, crache tes poumons, arrache-toi la peau, brûle tes neurones, laisse le plancher des vaches et écarquille les yeux, allez, dévisse-toi le cou, y en a de tous les côtés, si j'osais, je t'offrirais bien un aphorisme à deux balles, pêché dans un marigot : la terre ferme et la mer ouvre !

Juliette Gréco

Une berceuse à percussion

Le bonheur, y en a qui le dessinent, y en a qui le font danser, y en a qui lui courent après avec des crampons, pour l'envoyer dans des lucarnes, le bonheur, y en a qui l'appellent PSG et d'autres PSGP, Paris Saint-Germain-des-Prés, y en a qui le mettent sur des comptes bloqués, y en a qui l'allongent sur des serviettes, couvert d'ambre solaire, y en a qui le boivent dans des verres à pied.

Le bonheur, y en a qui s'assoient dessus et qui se jettent à toute berzingue sur des arbres rangés au bord de la route, y en a qui vont le respirer à 8 000 mètres d'altitude, d'autres qui vont l'enfouir sous terre à l'automne pour qu'il repousse au printemps, y en a qui l'inventent à deux et qui le couchent dans un berceau avec un mobile au-dessus de la tête qui fait de la musique en tournant, y en a qui lui fabriquent une coque, qui lui accrochent des voiles et qui l'envoient valser dans des creux de dix mètres.

Le bonheur, y en a qui l'habillent en treillis et qui lui font trouer les tourterelles, saigner les sangliers, y en a qui vont l'agenouiller sur des prie-Dieu, y en a qui l'emmurent dans le silence, y en a qui le mettent en équation.

Le bonheur, y en a qui le découpent dans un carré de tissu et qui le brandissent bien haut, y en a qui l'enferment dans des valises et qui l'entreposent dans un filet du Transsibérien, y en a qui le conservent au congélateur roulé dans du film protecteur.

Le bonheur, y en a qui lui enfilent des bottes et des chaussures à clous, y en a qui le verrouillent chez eux, avec blindage et double serrure, y en a qui en font des compressions, y en a qui le maquillent en Phèdre, en Othello, en clown blanc ou en Auguste, y en a qui lui enfilent un uniforme, y en a qui le copient conforme.

Le bonheur, y en a qui lui prennent les empreintes, qui lui donnent un numéro, un code barbare, y en a qui le regardent passer sur un écran 16/9e.

Le bonheur, y en a qui lui courent après, ils en ont entendu parler mais ils l'ont jamais vu, y en a qui le glissent dans une urne, ils y croient dur comme féerique.

Le bonheur, y en a qui le font tourner au fond d'une cave et qui lui trouent la peau, y en a qui le poussent sur un tapis vert, y en a qui le jettent du dixième étage, y en a qui le glissent sous la couette, y en a qui se l'accrochent à la ceinture et qui font tout sauter, y en a qui le laissent couler à chaudes larmes, y en a qui l'ont juste aperçu, c'était il y a longtemps, ils n'ont plus que des photos en noir et blanc, y en a qui le volent, y en a qui en jettent par les fenêtres, y en a qui en distribuent gratuitement, y en a qui l'attaché-casent et lui parlent objectifs et profit, y en a qui lui mettent un voile, y en a qui le vendent en X-box, y en a qui l'ont au bout des doigts, ou sur la langue, au bout des lèvres ou dans la peau.

Le bonheur, y en a qui disent qu'il crèche au septième ciel, sans ascenseur, et quand tu arrives en haut, tu as oublié la clé du bonheur.

Le bonheur, y en a qui l'achètent en cachette, dans des sex-flops, y en a qui le tètent goulûment, et puis y en a qui ont oublié le lait maternel sur le feu et le bonheur se met à sentir le souci.

Le bonheur, y en a qui lui font faire de la gonflette, y en a qui le bourrent d'additifs, de colorants, de déodorants, de dégivrant, d'édulcorant, y en a qui le mettent en maison de retraite, il finira lyophilisé, dans un sachet au Père-Lachaise.

Le bonheur, y en a qui laissent faire le hasard, y en a qui lui paient un coup dans un bar, flore ou deux magots, y en a qui soufflent dedans comme une trompinette, c'est l'écume des jours ou l'automne à Pékin, y en a qui improvisent…

Juliette Gréco, son bonheur, on le lui a écrit et composé. Son bonheur, c'est des mots et des notes, les uns sur les autres, des mots et des notes qu'on lui a donnés. Elle n'est qu'un instrument. Un instrument à cordes sensibles, cordes de brume, cordes raides, c'est un instrument à vent, à bises, à souffle, c'est une tempête d'harmonie, une harpe sceptique, c'est un instrument à précaution, comme une berceuse à percussion. Les autres instruments vont bêtement du grave à l'aigu, et de l'aigu au grave, la Gréco va du grave à l'émerveillé, en passant par le désespéré, l'heureux, le passionné, et la violence aiguë, de chanter. Son bonheur, c'est un refrain, trois couplets, ça paie pas de mine, mais quand ça sort de sa bouche, c'est autre chose, c'est plus des mots et des notes, c'est du Gréco, c'est passé dans ses veines, elle les a remplies de sa vérité, il n'y a qu'elle pour jouer du Gréco comme ça !

Quand elle a chanté, elle est vidée. Elle y a encore laissé un bout de son bonheur. Heureusement elle a beaucoup d'amis qui l'approvisionnent. Et comme elle aime par-dessus tout ce qui est juste, il faut qu'elle s'accorde. Qu'elle s'accorde du repos. Le silence. Juliette Gréco est le seul instrument qui s'accorde en silence. Vous la déposez sur un canapé. Et vous la laissez. Seule. Elle travaille son bonheur.

Élisabeth Guigou

Mal à l'Europe

Nous sommes bien cinq cents millions à avoir un bout d'Europe quelque part dans l'organisme. L'Europe, c'est un peu nos amygdales, nos végétations, notre prostate, notre rate, on ne sait pas trop à quoi ça sert, mais on vit avec, et d'élargissement en élargissement, on a la rate qui se dilate. L'Europe a chaussé du 12, puis du 15, elle chausse dorénavant du 25 et pourrait bien chausser du 35 d'ici quelques années ! Pas facile de trouver les chaussures qui s'adaptent à chaque fois !

L'Europe a des cors, des durillons, tout le monde veut s'occuper de ses oignons, elle a des problèmes de croissance, à son chevet c'est la foire d'empoigne, on l'inonde d'ordonnances, de traités, d'accords, de manifestes, de résolutions, de commissions et d'actes ; à force d'être dorlotée, bichonnée, l'Europe a de plus en plus des goûts de Luxembourg, l'Europe, c'est un peu la tournée du grand-duc ! D'où une légère surcharge

Portugal, d'inquiétants bourrelets de Grèce, des crises d'Italie convulsive, des troubles de psycho-Slovaquie, des difficultés neurom-Autriche, parfois l'Europe se fige, telle une tétra-Belgique atteinte d'hypoc-Hongrie. Qui sait si elle n'a pas ingurgité des amanites Finlande ou un paquet de Chypre avarié !

Frisant la dépression, elle a dû faire des analyses, disons... un Tchèque-up complet. Le commissaire européen chargé de la Santé a donné son diagnostic : épanchement de Slovénie, tassement de la Pologne vertébrale, Estonie discale, un début de broncho-Lettonie, un goitre au niveau de l'Irlande thyroïde, une infection Pays-bas-ctérienne, une forme de deli-Royaume-Uni accompagné d'un Ulster à l'estomac, intoxication au mono-Suède de carbone, vue astig-Malte. On a même décelé des maladies potentielles, susceptibles d'apparaître dans un avenir pas si lointain, au cas où l'Europe se laisserait aller à sa boulimie géographique : faiblesses au niveau du système Norvèg-étatif, Suisse-tite provoquée par une inflammation de l'Helvétie, bulgar-gouillements intestinaux, présence d'Albanie dans les urines, em-Bosnie pulmonaire, crise d'hypo-Serbie, hyper-Croatie mammaire, démence pré-Kosovo, ainsi qu'une douloureuse Roumanie de la persécution !

Bien sûr, on a prescrit à l'Europe toute une Lituanie de médicaments, un opht-Allemagne-ologue lui a administré, comme il se doit, calmants sur calmants, on l'a mise au régime Danemark-robiotique, whisky pur Malte, assiette anglaise, Macédoine de légumes, choux de Bruxelles, champignons de Paris, pain viennois, pizza napolitaine, olives à la grecque, fromage de

Hollande, Irish coffee, deux doigts de Porto, le tout dans de la vaisselle en Letton, bien sûr ! Pour retrouver la juste ligne, on lui impose des séances de poids et alter-mondialistes, on l'envoie même chez un rebouteux-vétérinaire des familles, ce bon vieux docteur Giscard-défunt, pour qu'elle se donne une robuste constitution ! Sans oublier ces sempiternelles séances d'acupuncturque, au cours desquelles on s'ingénie à lui planter des aiguilles dans le fondement de sa Charte.

Mais l'Europe est une battante, et malgré une grande souf-France, et cette avalanche de maux en tout genre, tiraillée entre monarchies, énarchies, anarchies et notre Chichi national, elle a toujours une petite lueur d'Espagne ! Les mauvaises langues disent que l'Europe est incurable, qu'elle souffre d'utopie galopante, il faut y croire pour la voir ! Comme disent les slovaques : « Demain on rase Bratis... lava » !

Mais un jour, c'est sûr, on célébrera l'Europe en grandes pompes : cinq cents millions de petits chez moi, et moi, et moi, recevront dans leur boîte aux rêves un faire-part de mirage : les Européens sont heureux de vous annoncer le mariage de la petite sirène de Copenhague avec le Manneken-Pis. La bénédiction sera donnée par le révérend père Ingmar Bergman, en la cathédrale de la Sagrada Familia, les cloches sonneront simultanément au sommet de la tour Eiffel, de Big Ben et de la tour de Pise, les jeunes époux franchiront, au son de la *Symphonie du Nouveau Monde* de Dvorak, la porte de Brandebourg, sur un parterre de tulipes, ils danseront toute la nuit des valses de Vienne, des czardas, des fados, des mazurkas, puis ils partiront discrètement pour leur voyage de noces, ni vu Nicosie, aux frais de la grande-duchesse de Luxembourg, ils iront faire du ski à Maribor, un stage à Mykonos, un pèlerinage à Vilnius et consommeront leur union dans un sauna à Helsinki.

Si l'on vous en croit, Élisabeth Guigou, pour peu, bien sûr, que les parents soient sociaux-démocrates, de cette union naîtront une kyrielle de beaux bébés aux prénoms idylliques : Paix, Croissance, Démocratie, Bonheur, Droits et Solidarité. Des enfants qu'il faudra nourrir, blanchir et soigner, va y avoir du boulot ! D'autant qu'ils seront tous atteints du même virus que leurs parents, car, c'est bien connu, l'utopie est héréditaire !

Christian Jacq

Psosiris galopant !

Tout petit déjà, Christian Jacq est un grand malade ! Élevé par sa grand-mère qu'il appelle affectueusement « momie » et son grand-père, « papyrus », qui lui offrent gratuitement l'Égypte et le couvert, Christian contracte très tôt la pharaonculose : il est pris de vestiges, il reste des heures sur le trône, il se dit fils de Râ, ce qui n'enchante guère sa famille, et se proclame garant de l'Ordre universel, sa grand-mère lui suggérant de garantir déjà l'ordre de sa chambre. Il a les pyramidales à six ans, la scribéole, ça le démange, bref, il a l'Égypte dans la peau. M. Jacq père, pharmacien, diagnostique un psosiris galopant ! Le chien a des tiques, et son fils, des antiques. À la maternelle, ses camarades passent leur bac à sable, le petit Christian, lui, parle aux cailloux, aux pierres, il n'arrête pas de ramener sa fresque. D'ailleurs, il vient à l'école en vélo-silex, son cartable est très lourd, il faut dire qu'il grave ses premiers dessins sur des stèles (oui, il fait déjà de la stélo-dactylo !).

Chaque soir, Christian Jacq dit à sa momie : « Je vais mourir ! » Et il va se coucher. Ses grands-parents ne sont pas très inquiets. Christian leur a expliqué que le sommeil était une petite mort. Il dort dans des bandelettes et s'entoure de boîtes d'amulettes en guise de doudou. Le matin, pour le réveiller en douceur, sa grand-mère brûle un bâton d'encens, lui passe sur tout le corps des onguents en lui glissant à l'oreille : « C'est l'heure de l'école, il faut ressusciter ! Debout les morts ! » Adolescent, alors que ses copains de classe se plongent dans *Les Caractères* de La Bruyère, lui se shoote aux caractères de l'obélisque et devient très vite hiéroglyphomane. Il déchiffre tout ce qui passe à sa portée : tags, graffiti, inscriptions en tout genre. Il a des crises terribles de Nilisme (on a dit qu'il se saoule aux crus du Nil), des Nubies, une hypertrophie des sphinxters et se laisse parfois envahir par une grande prêtresse.

On fait appel aux plus éminents spécialistes pour éradiquer le mal. Les docteurs en égyptologie traitent par le mépris ce cas d'égyptomanie aiguë : ils parlent de maladie infantile, de folie douce. La science officielle trouve ce Christian Jacq décidément bien vulgaire et l'enferment dans un sanatorium sur le bord du lac Léman. On tente une opération de l'obélisque, une greffe du Caire, une tra-Chéops-tomie, rien n'y fait ! Christian prend des cours de Maât, une gracieuse déesse coiffée d'une plume d'autruche. Il passe ses nuits au minitel, sur 36 15 Anubis (l'ossuaire inversé), et continue à graver son cas. Il dit qu'il dessine son marbre généalogique. Au plus fort de la crise, Christian Jacq subit une inflammation du colosse provoquée par un Champollion halucinogène. Une colosse-copie permet de déceler une Ramsès nerveuse, et il accouche de cinq volumes énormes. Sa vie va dorénavant s'organiser autour de ces accouchements à répétition !

Christian Jacq travaille comme un fou ! C'est quinze heures par jour de taf, d'épitaphe, de cénotaphe, des promenades en caveau. Il « meurt défunt » comme on dit, il a la dalle funéraire ! Il fait de la sépulture intensive, c'est une sorte de tombe-rôdeur à l'ancienne : mausolée au petit déjeuner, cimetières de légumes à midi, crêpes au sépulcre le soir. Christian Jacq a l'œil et le cercueil ! Bien sûr il fait un peu de sarcophagie, mais il garde la tête sur les nécropoles ! Il visite l'Égypte en long, en large et en travers, de haut en bas-relief, le nez dans la caillasse, il en connaît la moindre pierre, le moindre grain de sable. Même la plus petite ruine, c'est tombeau, tout nouveau ! Il carbure aux pompes funèbres, il s'introduit par effraction dans les tombes en trafiquant le ci-gît-code.

C'était l'obélisqu'-jockey
Et Christian Jacq nous entraînait
Sur la route de Memphis,
Sur la route de Memphis.

Des best-sellers pour réveiller
Des trucs du Nil qui s'endormaient,
Sur la route de Memphis,
Sur la route de Memphis.

Il fait renaître les enterrés, les ensevelis qui ont tous des noms à coucher dans des pyramides, le dieu Chou et la déesse Tefnout, Sekhmet à tête de lionne, et Thot à la tête des hôtels Ibis. Bref, Christian Jacq ressuscite l'admiration ! Il ne prend jamais de guide, et se contente de suivre les faucons qui tournent au-dessus de sa tête. C'est un peu aléatoire, mais les dieux sont avec lui. Comme les Égyptiens d'il y a cinq mille ans, Christian Jacq cherche l'Égypte-attitude, qu'on appelle la rectitude ! « Christian, lutte pour écrire ton histoire, lutte pour garder la mémoire, et pour garder, en toi, la Thot and Nout rectitude, ne reste pas chez toi avec tes certitudes, c'est la Thot and Nout rectitude ! »

Cher Christian Jacq, vous dites : « S'il y a un pays où je n'ai jamais rencontré la mort, c'est bien l'Égypte ! » Et vous ajoutez : « Mais si la vie m'en donnait l'occasion, j'aimerais finir mes jours en Égypte. » Faites attention, quand même, que ça n'arrive pas trop tôt ! Il y a des drôles d'oiseaux fanatiques, qui ne sont pas des faucons, qui pourraient bien vous envoyer dans l'au-delà ! Et puis votre Égypte prend l'eau ! Il n'y a pas que le Nil qui ait des crues. Le temps recouvre tout, rappelez-vous le fameux proverbe égyptien : « Rien Nasser de couvrir, il faut partir Assouan. »

Marlène Jobert

La marchande de fables

Mon fils va bientôt avoir douze ans. 4371 nuits se sont écoulées depuis sa naissance. 4371 tombées du jour où j'ai précautionneusement rentré ma progéniture au garage, mis mon gamin sur cales, tous phares éteints, freins relâchés, appuis-tête en position basse, moteur coupé, 4371 séances d'une vie d'ange, lavage, séchage, couchage, endormissage, 4371 tentatives de sacrifice au dieu des songes, le roi sommeil, Sa Sainteté Soporifique Morphée, paupières de plomb, rideaux baissés et poings fermés, 4371 confidences sur l'oreiller, conférences au sommier, incontinences sur le matelas, alèse Blaise, 4371 nuits de baby sept heures, baby huit heures, baby neuf heures, baby il est tard, demain tu as école, laisse cette console, viens que je te console, 4371 pyjamas enfilés, draps bordés, couettes relevées, boîtes à musique enclenchées, mobiles propulsés, veilleuses allumées, portes entrebâillées, 4371 verres d'eau posés sur la table de nuit, 4371 objets transitionnels, et peluche, si affinité… des doudous pour dodo, des dadas, des toutous, des titis, des nounours, des bombons roudoudous, des guilis, des totos, du lolo.

4371 nuits à essayer d'endormir la chair de ma chair à la berceuse, à la flûte traversin, à la perceuse à effusion, au chalumeau onirique, à l'affectueuse, à la câlineuse, à l'étreigneuse, à la bichonneuse, 4371 nuits à jouer les distributeurs de baisers, les tirettes à poutous, les grossistes en bécots, à noyer mon mioche sous une marée de caresses, pauvre oiseau bisouté, cloué au lit, bête de somme condamnée à la chambre noire, au pelochon d'exécution, à dix bonnes heures de caveau forcé, 4371 nuits à faire l'allumeur de rêves, l'éteigneur de cauchemars, la mouche tsé-tsé, le pourvoyeur de moutons à compter, un mouton, deux moutons, trois moutons, oh ! un bouton, deux boutons, trois boutons, une rougeole, une angine, une coqueluche, dansons la scarlatine viv' l'éruption des boutons ! Et un pédiatre pour la chambre bleue, un ! 4371 nuits à déverser sur mon marmot des pelletées de sable, poussières d'étoiles, cheveux d'ange, sable émouvant, sable d'abordage, sable de cavalerie, dors mon petit, le marchand de sable est passé, et le négociant en gravier, et le trafiquant de cailloux, la petite souris, le père fouettard, le père Noël, le réparateur de chagrins, l'oublieur de tracas, l'effaceur de cafard, notez que je joue tous les rôles, pour la beauté du geste, mais, sur les 4371 nuits, il y en a bien 3880, au bas mot, où c'est sa mère qui a assuré, c'est ce qu'on appelle royalement le partage des tâches.

4371 nuits à réveiller les fées, les fantômes, les ogres, les dragons, les lutins, les sirènes, tous intermittents du spectacle nocturne, à convoquer tout ce beau monde au-dessus du couffin, puis du berceau, puis du petit lit à barreaux et maintenant du grand lit avec un matelas de 90 et une couette Corto Maltese, à faire jouer à tous ces noctambules des histoires à dormir couché, les contes des quatre mille trois cent soixante-dix et une nuits, le vilain petit cagnard, la petite sirène schizophrène, les zombis neufs de l'Empereur, la petite fille aux amulettes, les contes d'Andersen, les contes de Malaussène, les contes de Peter Hansen, les contes de Robert Hossein, les contes de Grimm, les contes de Grimaldi, Stéphanie, la petite fille aux amourettes, Rainier du soir espoir, le Petit Prince Albert, les contes de Grimbergen, le grand houblon avec une saumure noire, les brasseries de Morphée, la cuve de l'oncle Tom, dis-moi gros grand gras grain d'orge, la vilaine petite canette, la blonde, la brune et le titubant, les contes d'apéro, le petit napperon rouge, le saboté, la belle au boa dormant, cent grillons, niqué à la croupe, étriqué à la coupe, Rivoyre et Carret à la soupe, piqué à la schnouff, Perrette et le beaujolais, la chignole et l'oiseau mécanique, Hansel en bretelles, Blanche nem et les sept Vietnamiens, chasse-neige et les sept chemins, saint-siège et les sept nymphes, Blanche poudreuse et les sept dealers, blanche hermine et les sept mannequins, les contes d'apothicaire : la pipelette et le compte-gouttes, le tour de l'éther en quatre-vingts nuits, les contes pour insomniaques, le somnifère et la gélule, il était un p'tit Valium, pirouette, cacahuette, neuroleptiques-tac-tic-tac, sirops pour dormir, comprimés pour pioncer, pilules pour en écraser, ampoules pour éteindre, tisanes qui plombent, les contes éternels, l'Iliade et l'Odyssée, Homère m'a tué, Ulysse au pays des merveilles, Alice au pays des cartes vermeil, Syphilis au pays des mémères vieilles, Hélice au pays des Messerschmit, Tintin et le capitaine paddock, Rintintin et Mouloud, les contes de l'État, le bon roi Raffarin, le Chirac des villes et le Chirac des champs, le Sarkozy buté.

Et ce soir, la 4372e nuit, mon fils va me voir débarquer dans sa chambre avec votre livre CD, Palomita Jobert, et les yeux grands ouverts, éberlué, il me verra m'endormir dans son lit, en suçant mon pouce, bercé par la voix de mes trente ans, la voix enfouie de l'inusable *Love love* du *Passager de la pluie*, petite pomme rousse craquante que je croquais crue dans mes rêves, vous faisiez un beau métier pour les grands, Marlène Jobert, et vous faites maintenant le même beau métier mais pour les petits : marchande de fables...

Kad et Olivier

Cancer symphonique

Kad et Olivier, merci ! Votre opuscule *100 Bonnes Raisons de continuer à fumer* va dorénavant trôner sur les étagères de ma bibliothèque, entre l'Encyclopédia Universalis en 28 volumes et les œuvres complètes de Lénine en 45 tomes ! Grâce à vous, on va enfin pouvoir « enfumer en paix » ! Se parfumer au polonium radioactif, s'encrasser à loisir au benzène, s'aromatiser à l'ammoniac, se repeindre le thorax à l'huile de vidange, s'essouffler à donf, se ruiner la santé en toute impunité. Et puis, pendant qu'on y est, rouler à 250 sur l'autoroute, détacher les ceintures, organiser des rave-parties dans les halls d'immeuble, porter le voile dans les toilettes du lycée, ne plus composter ses billets, bouffer de l'amiante au petit déjeuner, envoyer balader les capotes, sucer des Kinder aux farines animales ! Ah, ça donne envie de s'attaquer à d'autres grandes questions qui nous taraudent (comme dirait Élisabeth Tessiède) : faut-il s'arrêter de vieillir, faut-il s'arrêter de mourir ? À l'instar de votre brûlot, je dirais : Non ! Il faut continuer à vieillir, il faut continuer à mourir, même si vieillir provoque des maladies graves et si mourir tue ! Et j'ajouterai pour paraphraser quelques-unes de vos bonnes raisons : « Arrêter de vieillir à quatre-vingts ans c'est complètement con » ou bien : « Vos amis morts sont-ils plus drôles que vos amis non morts ? Répondez franchement ! » ou encore : « L'être humain meurt depuis très longtemps, et depuis très longtemps il essaie d'arrêter. C'est pas vous qui allez changer les choses ! »

Nous allons enfin pouvoir mourir tout notre soûl ! Réhabilitons le cancer ! Mais pas le petit cancer de quartier, le cancer de fin d'année, le mielleux cancer de louanges, le flatteur cancer d'acclamations, non, le vrai cancer, le cancer du poumon, mieux, le cancer simultané du pharynx, de l'œsophage et des bronches, une sorte de grand cancer symphonique, pour métastase et orchestre de chambre d'hôpital, avec solo de ganglion, et sarabande en pneumonectomie majeur ! Copions nos cellules au papier carbone ! Soudons notre destin au chalumeau blanc ! Offrons à notre océan d'hémoglobine des marées noires dignes de ce nom, engluons nos globules dans des *Torrey Canyon* de nicotine, des *Amoco Cadiz* d'acide cyanhydrique, des *Erika* de monoxyde de carbone, oui, redonnons au tabac son *Prestige* ! Retrouvons les gestes simples : on scanne d'abord, on cane après ! Que chaque lieu public ait sa salle de cancer ! Créons des zones tumeur et des zones non-tumeur ! Mazoutons-nous les uns les autres ! Foutons-nous la trachée par terre ! Mettons-nous de la suie dans les idées ! Révisons l'article premier de la Déclaration des droits de l'homme : tous les hommes naissent et demeurent libres et mégots ! La recherche contre le cancer fait des petits pas, dit-on ? Eh bien, laissons le cancer s'acheminer ! Brûlons nos poumons, pas nos cartouches ! Incinérons les non-fumeurs ! Kad et Olivier, les Pierre et Marie Curie du goudron sous Cellophane, c'était écrit : les deux compères ne se sont-ils pas rencontrés sur une radio parisienne qui répond au nom prémonitoire de « Oui f-ume » ? En plus, Kadéo fument en stéréo, si j'osais, je dirais qu'ils fument de cancer !

Oui, vous avez raison, luttons contre les empêcheurs de s'intoxiquer en rond ! Ils ont tué l'ourse Cannelle, ils veulent tuer le chameau Camel ! Ils nous infligent Hélène Ségara, infligeons-leur Haleine Cigarette ! La vallée du Nil, c'est bien, avaler Dunhill, c'est mieux ! Une taffe, deux taffes ça va, trois taffes, bonjour l'épitaphe ! La dernière cigarette du condamné : Pall Mall pour un début ! Homme, crache tes poumons, rote, man, King Size ! Dans cigarette, il y a « arrête » et alors ? Y a bien cosy dans Sarkozy ! Jouons notre vie au bowling : Lucky Strike ! Vive les cigarettes Kent ! On dit la cigarette tue… mais Kent tue qui ? Élémentaire, mon cher Watson, et elle m'enterre ma chère Winston ! Musique ! Voici venir le Cancer tôt accelerando marlboroso… Carburons aux hydrocarbures : Butane, Propane, Gitanes… Éna : École nationale d'administration, Craven A : École nationale d'autocrémation ! Philip Morris : Flip Morituri te salutant !

Enseignons la cigarette à la maternelle : que nos enfants répètent après nous : nos amphètes les Gauloises… Finies les antisèches, autorisons les sèches à l'entrée au CP ! Tabassons notre progéniture ! Prônons le lancer de cendrier dès le primaire ! Nos marmots, il faut les faire briquer ! Caporal, nous voilà ! Bref, qu'on en finisse avec l'hypocrisie, que chaque citoyen paye ses taxes sur les cigarettes afin que chacun puisse dire haut et fort : « La Seita, c'est moi ! »

Karl Lagerfeld

L'art d'accommoder les vestes

Karl Lagerfeld est né un crayon dans une main, une gomme dans l'autre. Il a des ciseaux dans l'œil, des fils entre les doigts, il attrape le monde dans ses toiles, lui tend les draps, il dessine des futilités, des voiles, des volants, des manches, il fait marcher le commerce, efface tout et recommence. Pour lui toutes les années sont bi-textiles. Toujours sur son trente et un, celui de la rue Cambon, où Chanel s'est installée en 1910, il pratique un métier vieux comme les robes : l'art d'accommoder les vestes ! Il glisse dans l'air du temps, il est à l'écoute de son époque, je dirais même : il est tout tweed ! Il englobe tout dans son champ de vison, il dessine des modèles d'une beauté à ourlet ! Il fait sauter les crêpes de Chine, prépare des cocktails de jeans, dégaine son fameux éventail de couleurs et se perd dans le triangle des bermudas. Il rentre au camel, voyage en corail, boit dans des verts amande, écrit des poèmes en rose d'un seul jais et brode les sorbets en

Technicolor. Il saute en ciseaux, va au taf et au taffetas. Pour lui la dentelle est tout sauf accidentelle, elle s'incruste par de vers soie.

Sorti de la cuissarde de Jupiter, Karl Lagerfeld est un travailleur de l'hermine, infatigable ravitailleur Chanel, il joue à saute-bouton, il écrit des livres dorés sur trenchs, d'aucuns se fichent du tiers comme du quart, lui ne se moque ni de la jarretière ni du cardigan, d'ailleurs il manie le cardigan avec tact et le catogan avec talc. Architecte de vêtement, ses maisons d'habit sont confortables, moelleuses, poids plume, dégingandées, filiformes. Il a le tracé racé, il fait des plans sur la collerette, se joue des arrondis et du qu'en-dira-t-on, il carbure à la courbure, soigne les lignes, toujours à la croisée des chemises, qu'importent ses concurrents avec qui il a maille à rester. Franc du collier, il met la mode à sac, crie aux sandales, part au galon, se roule dans la frange ou dans le satin mondain. Il a l'estomac dans les pantalons, un galuchat dans la gorge. On lui prête des troubles manteaux. Cet homme est complètement cintré. Ses mannequins portent le voile de tulle. Il fait les cols buissonniers. C'est le flibustier du bustier. Il vit à la fortune des peaux, il a des crises de fourrure. C'est le seigneur des agneaux, robin des boas, œil-de-lynx. Il danse avec les loups, nul stress, mais du stretch, il s'écharpe, il crochète, il drape, il plisse, toute griffe dehors, il fait ganser les chemises, mais il ne met jamais les deux pieds dans le même jabot ! Chez Chanel, il pleut des perles caviar, il tombe des feuilles dorées, des écailles de sirène, des aiguilles de laiton et, comme il se doit, la mousseline est épurée.

Styliste, c'est un peu comme cycliste, cycliste sur revêtements de luxe, cycliste sur voûte : on franchit des cols, on enfile des lacets, il faut négocier les courbes, briller sur les côtes, faire attention aux chutes de reins, rouler les tissus (c'est bien connu, les roulements habillent...), il y a les chaînes, les cale-pieds, la chaussée, les bretelles. Il faut mettre de la pompe dans le vêtement. Styliste, c'est faire de chaque femme une petite reine ! Karl Lagerfeld est directeur d'un théâtre de couleurs, il écrit des pièces de tissus, les joue, grimpe dans les cintres, il peint les toiles, dessine la scénographie. C'est un comédien qui brûle les hanches, toujours sous les feux de la vamp, il est habilleuse, costumier, décorateur, accessoiriste, il assiste à la couturière, il s'occupe des doublures, il brode le manteau d'Arlequin. Chaque défilé est un best-étoffe, le meilleur de lui-même. Karl Lagerfeld, qui se dit lui-même puritain calviniste, on le surnommerait volontiers l'abbé Chanel ou le prêtre-à-porter, est un vaporeux chevalier, récemment converti à la quête du grêle ! Il est tissu de famille, effrangé partout chez lui, il ne pratique pas un art, mais vend un produit : légèreté, c'est le nerf de Lagerfeld ! Tout ça ne pèse que quelques filigranes. Après tout, la mode n'est qu'un marché de jupes !

Cher Karl Lagerfeld, vous dites : « Je dois rester une page blanche », alors effacez tout ce que je viens d'écrire sur vous ! Vous n'êtes qu'une page blanche, un simple tramage de fibres végétales, une maille à l'endroit, une maille à l'envers, une muraille à l'endroit, une muraille à l'envers...

Serge Lama

Se llama Lama

Cher cherge Lama, ser cher… cher cherge Lam… cher Gerge… gerge ser La… Chrerge… *je suis chez ce cher Serge… je suis chez ce cher Serge…* Ser Serge Lama,
cher Cherge Chauvier, Serre Chauvier, Serre Chevalier, *la concierge démiurge vierge et murgée a les lèvres gercées, la gorge surgelée et héberge un rouge-gorge insurgé en surcharge sergent à Cergy…* Cher Cherge…

— Como se llama déjà ?
— Se llama Serge.
— Se llama Serge Serge ?
— No se llama Lama.
— Se llama Lama, Serge ?
— Si se llama Serge Lama !

Je chuis llamade, clompètemlent llamade.

Le dalaï lama a la dalle à Lima et Lama a la dalle au Mali. De Lima au Mali, Lama a pas mal d'amis, le dalaï lama aime Lama mais Lama a du mal à aimer le dalaï lama. Il lit mal le mandarin de l'Himalaya et assimile mieux la mandarine du Mali.

Chère étoffe de Lama, oui vous avez de l'étoffe, alors je peux bien vous appeler étoffe !

Cher Serge Lama,

Vous avez déclaré « Je suis né chanteur ». Alors naissance et chanson ! Voyons... Serge Lamaternité. D'accord ! Placenta, Santa Barbara, Barbara... parfait ! La musique adoucit les nurses, classique ! Vos parents ont bien dû s'ac-couplet, oui... à la rigueur, avec refrain j'ai rien trouvé ! Deux sages-femmes, une blanche, une noire, pourquoi pas... Et l'accoucheur, il est ronde ? Non, ça ne colle pas ! Une triple croche pour le forceps, oui, c'est limite... Votre maman a mis bas une portée, ça c'est imparable. Normal, une portée pour une partition. Bon, ça, ça ne passera jamais, qui connaît encore le mot « parturition » ? Ah ! j'oubliais, la cerise sur le gâteau : votre maman a accouché sur une musique de Tchaïkovski, le *Concerto en ut majeur*, voilà, ut est russe... Bon, j'arrête là, c'est n'importe quoi !

Le mieux, c'est encore de se recentrer sur votre album. Je savais bien que vous aviez fait quelque chose en huit mois ! Serge Lama, c'est un « Il », un « Il » de France. Fasciné par les « Elles ». Il rêve de s'envoler avec des Elles. Lama c'est un « Il », toutes « Elles » déployées. Son cœur bat des « Elles ». Lama, c'est un « Il » et des archi-belles. Lama, il a du plomb dans l' « Il », il tire sur tout ce qui belle. Il a un coup dans l' « Il », le désir lui donne des « Elles ». Il les prend sous son île, il se brûle les « Elles ». Elles s'appellent Lorie, Lara, Annie, Léna ou Isabelle, Lynda, Anggun, Enzo ou Belle... Elles volent de leurs propres « Elles », mais, le temps d'un duel, elles accostent cet « Il » qui leur tend, docile, son zèle et ses cordes volubiles ! Cher Serge Lama, petit clin d'œil à votre Pluri « Elles », permettez que je tire un peu sur la ficelle, que je tire sur le facile :

Petit poèm' pluriel
Et exercic' de style
Avec des rim's en « elle »
Et des points sur les « ils »

Ils ont l'cœur en flanelle
Et l'apéro facile
La prostate un peu frêle
L'ego haltérophile

Mesdam's messieurs voyez l'Hercule
Muscles bandés qui gesticule
Bardé de chaînes
Parviendra-t-il à s'en tirer
Je crois qu'hélas vous le saurez
La s'main' prochaine

Ell's ont l'cœur sous ombrelle
Et des griff's rétractiles
Ell's jouent de la prunelle
Ell's s'effac'nt ell's s'épilent

Ils s'embaum'nt les aisselles
Ils dragu'nt, ils bais'nt-en-ville
Ils band'nt en XXL
Et tomb'nt en pann' de piles

Pour tair' les radicelles
Sur leurs visag's graciles
Ell's peign'nt des aquarelles
Se poudr'nt à pleins barils

Ils s'habill'nt en marcel
Brandiss'nt leur lance-missiles
Ils fredonn't du Bruel
Et frétill'nt du nombril

Ell's se tap'nt la vaisselle
Se parfum'nt au crésyl
Se lav'nt à l'eau d'Javel
Joign'nt l'utile à l'utile

Légers comm' des poutrelles
Ils ont l'humour subtil
Genr' Jérôme Duhamel
Façon ptérodactyle

Ell's aim'nt Eddy Mitchell
Ell's sont gérontophiles
Et snif snif du Cabrel
Ell's sont p'têt' zoophiles

Ils sont fiers et rebelles
Mais comm' la vie ça file
Faut êtr' consensuel
Alors ils vot'nt utile

Ell's pleur'nt à plein rimmel
En écoutant *Une île*
L'instinct Lama-ternel
Leur fait tourner les cils

Bonjour les haridelles
Et les colibacilles
Ils se soign'nt au tavel
Et s'habill'nt en Rhovyl

Fini les hirondelles
L'amour est volatil
Ell's mont'nt qu'au sixièm' ciel
Les années bissextiles

Ils ont un destin grêle
Dans leur Renault sénile
Se bringueball'nt en diesel
En papa-immobile

Ell's regard'nt Jacqu's Chancel
Et chantonn'nt du Bourvil
Ell's soign'nt à la truelle
Le temps qui les mutile

À tir' d'il à tir' d'elle
Voici venir l'asile
Ne rest'nt que des rappels
Du passé sur vinyle

La vie s'est fait la belle
La vie s'est fait la bile
Il ou Ell' sous la stèle
C'est qu'un' question de style.

Michèle Laroque

L'ormeauphobie

Permettez-moi, à l'occasion de la sortie du film *Pédale dure*, d'évoquer mon ami Michel, pépiniériste à Soyaux, dans la banlieue d'Angoulême. Son magasin s'appelle le Gairidon. C'est drôle, depuis qu'il s'est mis en tête d'aller planter ses petites graines dans les dunes du Sahara, je l'appelle Michel Maroc ! Il est un tantinet persi-fleur. Alors quand je lui ai parlé de votre venue, il m'a dit, moi, tu sais, pétale douce ou pétale dure, l'important, c'est que la tige soit solide et le parfum suave.

Il faut dire que c'est un doux de la feuille ! Il flirte avec les fleurs. Tout petit, on lui a coupé les végétations, sans lui demander son avis, alors depuis, il court après. Le matin, il mange à son petit des genêts de la chicorée et de la crème de bruyère. Il est chlorophage et chlorophile. Il se soigne par les plantes, faut pas s'étonner qu'il soit encore vivace à son âge. Son signe astrologique : phyto-sagittaire ! C'est un coureur sur pistil. Toujours en robe de chanvre, dans la vie, il butine. Et le soir, il se met au lit avec un bon bougainvilliers qu'il effeuille doucement. Il ne plante plus de bouleau depuis qu'il est à la retraite, mais il a un peu de jonc, du blé, de l'oseille, des radis, oh !, juste de quoi vivre.

Vous vous demandez pourquoi je vous parle de Michel ? Vous allez comprendre. Il est diplômé de l'école des beaux arbres. Le plaisir des essences. Alors voilà : il aime les hêtres en général, mais surtout les ormes ! Eh oui ! Il n'y peut rien, c'est comme ça depuis l'adolescence. Il a un faible pour les ormes. Attention je ne dis pas qu'il n'aime pas les fanes ! Il n'a rien contre les fanes, au contraire ! Il adore les fanes de carottes, de pommes de terre, les fanes de radis, de haricots. Il a même planté de l'ananas ! Chez lui, ça fait un peu exotique, l'ananas. Non, il est comme ça, il est attiré par les ormes. Et il assume ! Il dit toujours : « Y a pas d'mélèze ! » et, effectivement, dans sa pépinière, vous ne trouverez pas un seul mélèze. Et tout le monde est au courant ! Je crois qu'il n'a jamais caché qu'il aimait les ormes ! Son premier comice horticole, il a débarqué comme une fleur, il n'était entouré que d'ormeaux. Il dit que, ce jour-là, il a fait son « comice out » ! Et Michel n'est pas sectaire. Il n'y a qu'à regarder son jardin : plus hétéroclite, tu meurs ! Mais, comme il dit : « Chez moi la vigne restera toujours vierge ! »

Par contre, il y a une chose qu'il ne supporte pas : l'ormeauphobie ! Rien qui ne l'énerve autant que quelqu'un qui se moque des ormeaux. Faut dire qu'en France, on prend un malin plaisir à appeler une clinique, une maison de retraite ou un camping « Les Ormeaux ». Y a même des mollusques qui se disent ormeaux. Des mollusques ! Pourquoi pas des chiffes molles ou des ramollis ? Michel n'a pas d'enfant. Ses enfants, ce sont ses jeunes pousses ! Les mauvaises langues disent qu'il s'embourgeonne un peu ! Non ! Il vit comme tout le monde ! Parfois, comme tout le monde, il a envie d'épicéa, de cacaoyer. Il va au fond du jardin. Il a une serre exotique, la cabane du bêcheur, comme il dit. Et là, il met ses rêves en pot ! Ses tripes en compost ! Ça fait du fumier, et avec le fumier il fait pousser des roses.

Les soirs de pleine lune, il met la main au cumin, il fouille dans les fenouils, il se glisse dans l'anis, et quand il s'ennuie, il surfe sur l'aneth, à la recherche de l'orme-sœur. Il a beaucoup de charme, des pensées sauvages et des narcisses, bien sûr. Il aime la fête alors il a planté du bambou là où d'autres auraient planté des saules pleureurs, des noyers ou des ronces. Il reçoit régulièrement la visite de pépiniéristes cathos qui veulent lui racheter ses pêchers. Il se les garde, ses pêchers, et plus ils insistent, plus il prend un malin plaisir à faire dans le pêcher ! Ils l'accusent, tenez-vous bien, d'avoir des arbrisseaux d'orme et sycomores. Ils disent qu'ils vont tout brûler.

Un jour il s'est fait traiter de cognassier par un gros concombre engraissé aux phosphates et bourré de potasse, qui a débarqué avec un énorme cactus estampillé Espaces Verts, un ormeauphobe au dernier degré, qui s'est mis à piétiner ses plates-bandes. Michel a hurlé : « Séquoia c'bordel ? », il te l'a balancé dans les orties ! Il l'a traité de résidu de résineux, de grume de fromager, d'ersatz de camphre, de glycine municipale, de bonsaï de baobab. Il lui garde un gland de son chêne ! Un chêne pédonculé. Michel, il n'a que des chênes pédonculés, ça fait jaser les voisins. Ne vous inquiétez pas, le pédoncule, c'est la tige, la queue... rien de grave ! Ces gens-là, qui veulent des massifs bien ordonnancés, pas un pétale qui dépasse, ce sont des intégristes. Des culs-bénis qui font beaucoup de buis pour pas grand-chose ! S'ils savaient...

Certaines nuits, Michel sent la sève qui déborde, il a envie de germer, alors il rase sa rhubarbe et se déguise en légumineuse : un iris à chaque œil, des nénuphars aux paupières, deux gros cornichons sur la poitrine, un melon sur la tête, des flageolets sur les guiboles, un œillet à la boutonnière et il sort dans les rues, en jouant du topinambour, il sème la zizanie... il s'en fout, il dit : la radicule ne tue pas ! Michel a toujours refusé de traverser dans les clous de girofle ! Il aime la vie, Michel, alors il n'a pas du tout l'intention de faire comme certains de ses amis : se retrouver vieil empoté dans un jardin suspendu et finir par se jeter dans le vide...

Chère Michèle Laroque, excusez-moi, j'ai un peu perdu les pétales, mais j'ai l'impression d'avoir effleuré le sujet quand même. Michel m'a dit qu'il irait voir *Pédale dure*. Pour vous. Parce que vous avez paraît-il un faible pour les pivoines. Une plante vivace. Vivace comme vous ! Michel dit aussi qu'un amoureux des arbres ne peut qu'aimer *Pédale dure*... vous pensez, un film avec Dutronc !

Bernard Lavilliers

On the bed again

Il y a une dizaine d'années, Bernard Lavilliers disait : « La seule chose dont j'aie peur, c'est de ramollir. » Alors là, excusez-moi, mais moi je dis, quand Lavilliers sera ramollo, les poules auront des dents, du dentifrice, des brosses à dents électriques et des œufs au fluor ! Quand Lavilliers sera mollasson, les alexandrins gonflés à l'hélium mettront leurs pieds dans des bottes et défileront en quatrains, le doigt sur la césure du pantalon et la rime tellement riche qu'elle devra acquitter l'impôt sur la fortune ! Les cendres de Léo Ferré entreront au barbecue du Panthéon, le dix milliardième poster du Che sortira de l'Imprimerie nationale délocalisée en Bolivie.

Quand Lavilliers sera raplapla, Obispo sera coté en Bourse et les bourses de Rocco, si défraîchies, plus cotées à l'argus. Il y aura des aigles « low cost » avec une publicité « easyjet » sur le bout des ailes, des rapaces cinq étoiles, des vautours avec des attachés-cases, des bombes antipersonnel estampillées Nike, des prothèses Adidas et des béquilles Reebok. Quand Lavilliers sera spongieux, « provocateur » sera inscrit au registre des métiers entre « proviseur » et « proxénète », le bon roi Raffarin, celui qui met toujours sa cagnotte à l'envers, sera atteint d'obésité bonasse et d'obséquiosité fadasse, avec des bourrelets de bons sentiments, des poches de pommade adoucissante, un triple menton d'affèterie mièvre et minaudante, on apprendra à l'école ce joli poème de Jean Tardieu, qui date de 1951, et qu'on rebaptisera *Raffarinades* :

Quoi qu'a dit ? A dit rin
Quoi qu'a fait ? A fait rin
À quoi qu'a pense ? A pense a rin…
Pourquoi qu'a dit rin ?
Pourquoi qu'a fait rin ?
Pourquoi qu'a pense à rin ?
A'xiste pas !

Quand Lavilliers sera chiffe molle, on sera revenu, à la télé, à une chaîne unique, qui passera en boucle la *Star Ac*, alias les petits chanteurs au chemin de croix, *la Ferme des servilités*, ou *C'est mon chihuahua* avec Èvelyne, tomatologue assermentée. Quand Lavilliers sera flagada, les salariés Moulinex seront depuis longtemps passés au mixeur Easy Power, la maman de Big Brother lui aura donné plein de demi-frères, les barbelés refleuriront aux frontières, les bracelets électroniques aux chevilles, les caméras vidéo aux carrefours et les crabes dans les paniers. On aura trouvé le vaccin contre le cancer des Tropiques, les bouchons lyonnais seront en plastique, le pimpin de base servira de banque-émissaire, et notre Nanard anar peinard chantera *On the bed again* pour les vétérans de l'Afro Cuban All Stars :

Nous somm's des vieux ventrus sans épaules
Bouffis bigleux impotents plus drôles
On attend que la mort nous enrôle
On the bed again, again
On the bed again, again.

Quand les biceps de Lavilliers seront flasques, sous la chemise Agnès B et le costume trois pièces, Juliette Gréco aura rejoint Aragon, sa rose et son réséda, d'ailleurs on ne dira plus rose mais *Fleur d'un arbrisseau épineux, à cinq pétales, qui porte des étamines nombreuses soudées à la base, d'une odeur suave, ornementale, dont le type primitif est d'un rouge très pâle,* et l'on ne dira plus réséda, mais ça c'est pas d'hier, on préférera dire résidu, par opposition à résident, et les non-résidents, les résidus, seront reconduits à la frontière. J'aime beaucoup l'expression « reconduire à la frontière » ! Des fois que l'expulsé ne se rappelle plus où est son pays, on lui indique le chemin, on le raccompagne, on fait un bout du trajet avec lui...

Quand Lavilliers sera cotonneux, avachi, désossé, la vie sera réglée comme du papier amnésique, Sarkozy écrira des chansons, on reprendra tous en chœur son tube : « L'ordre public est un cri qui vient du ministère de l'Intérieur », Pasqua sera atteint du SIDA, le Syndrome d'immunité définitivement acquise, acquise par les burnes, pardon, par les urnes, pourquoi voudriez-vous qu'on mette un bulletin dans la même urne que celle qui a blanchi Pasqua ? Les bars seront non-buveurs, la mer sera quadrillée en zone baigneurs et zone non-baigneurs, les ours seront bien léchés, les métis devront choisir à la majorité entre la couleur du père et celle de la mère, histoire que tout le monde soit bien propre, le noir bien noir et le blanc bien blanc…

Quand Lavilliers sera vasouillard, planplan, ploum ploum tralala, les feuilles mortes se ramasseront à la benne à ordures, Prévert sera parqué en zone fumeurs, il y aura un rayon « Voyages » dans les supermarchés, avec le Brésil à la carte, Manille en leasing, Soho à moins 15% et le Cap-Vert gratuit pour l'achat d'un déodorant Mennen pour nous les baroudeurs ; quand Lavilliers sera chamallow, guimauve et pâteux, le Superman de nos jeunes années aura un accident de chaise roulante et passera sur l'autre Reeve, Alain Delon dira à la presse : « Je suis Alain Delon et je fais ce que je veux ! », et Bush sera réélu.

Parfois je me demande si on n'y est pas ! Si vous n'avez pas un peu lâché la bride, Bernard Lavilliers ! S'il ne faudrait pas vous remettre vite fait à la muscu, faire faire un peu de gonflette à votre guitare et de body-building à vos cordes vocales ! Si l'on doit compter sur Benjamin Biolay, Vincent Delerm et Carla Bruni pour la castagne, on n'est pas sorti de l'auberge !

Michel-Édouard Leclerc

Jésus-prix

Cher Michel-Édouard,

Excusez-moi de vous appeler Michel-Édouard, nous sommes sur le service public, je n'ai donc pas le droit de citer de marque. Je peux néanmoins dire tout haut que vous êtes *Lidl* des jeunes entrepreneurs, le *Champion* du pouvoir d'achat, vous battez des *Record*, même si vos idées ne *Rallye* pas la majorité, vous êtes un chef, une sorte de *Leader prince* ! Tchatcheur In*Continent*, bien placé au *Carrefour* des innovations, vous restez sourd *Auchan* des sirènes du capitalisme, vous n'avez pas *La Brioche dorée* de ces gros pontes cotés en Bourse, au profit vous dites no ! Enfin... *Casi-no* ! Chez vous pas *Darty*fice, pas de raisonnements compl-*Ikéa* souhait, vous connaissez toutes les combines dont le *Système U*se et abuse et vous n'appelez personne à l'*Ed. Métro* d'indépendance ne risque-t-il pas de tuer ? Ne risquez-vous pas de disparaître, comme une *Fnac* d'eau dans la mer ? Aujourd'hui, tel un *Mousquetaire*, vous revenez sur France-*Inter marché* sur les traces des stars du show-biz.

Saint Michel-Édouard, commerçant et martyr ! Vous n'êtes pas rigolo, Michel-Édouard ! Alors comme ça, vous ne jouez pas au golf, vous n'allez ni à la chasse ni aux courses de Formule 1 ? Mais que faites-vous de vos journées ? Et le Cac 40, les profit-warnings, les stock-options, ça ne vous intéresse pas ? Et l'Ebit ? L'Ebit ! Le solde entre les produits d'exploitation, et les charges ? Et l'Ebitda : *Earning before interest tax depreciation and amortization,* ça ne vous procure pas une formidable érection ? Mais de quoi parlez-vous avec vos collègues chefs d'entreprise ? Non, vous, vous êtes un rebelle, le Robin des bois de la forêt de « pas cherwood » ! Vous, vous êtes un casseur ! Un casseur de pieds, un casseur de prix ! Vous cassez les jouets de riches ! Communiste ! Le profit, ne me dites pas que vous ne courez pas après le profit. Non, vous vous battez contre la pauvreté !

Michel-Édouard Jésus-Prix ! La Sainte Vierge, à côté de vous, c'est Mme Thatcher ! Vous avez même ouvert une grotte Leclerc à Lourdes ! Et tous les éclopés du portefeuille, assis dans leur Caddie, viennent à la pêche au miracle des prix ! Vous multipliez les pains au rayon boulangerie et les poissons au rayon poissonnerie, vous marchez sur l'eau minérale, vous ressuscitez les morilles, vous changez l'oseille en vin, grâce à vous les aveugles achètent des lentilles, les paralytiques des voitures téléguidées, les sourds des Walkman, les hydropiques des pantalons XXL, les possédés deviennent possédants. Michel-Édouard, vous êtes moitié scout, moitié discount ! Catholique convaincu, vous prêchez la bonne parole, l'Évangile selon saint-marcellin, saint-nectaire et saint-félicien ! Vous distribuez le saint-chrême allégé, les saintes huiles de tournesol, vous conviez tout le saint-frusquin à la sainte table de camping et tout le monde communie sous les deux espèces, le chèque et la carte de crédit.

Prenez garde à ne pas finir crucifié ! Ah ! je vous imagine, faisant l'ascension du Golgotha mondain, en portant votre enseigne à bout de bras, cloué au rayon bricolage avec des pointes à tête plate torsadées de 3,80 sur 90 mm, sur deux tasseaux en bois de pin brut montés en croix, hissé avec un palan à chaîne équipé d'un crochet orientable, planté dans du terreau fertilisateur sans tourbe en sac de 40 litres. Le Romain de service vous essuie le visage avec une éponge végétale renforcée de fibres textiles avec surface récurrente, éponge imbibée de vinaigre balsamique et de sel de Guérande. Enfin, descendu de la croix à l'aide d'un chariot élévateur télescopique, mis dans un sac consigné, recyclable et échangeable gratuitement à vie, vous êtes enseveli illégalement par votre oncle Michel Leclerc.

Ellen MacArthur

Qui ne dit mot consent le poisson

Dans la vie, il y a deux catégories de marins. Il y a les pêcheurs bretons et les Ellen MacArthur ! La mer prend les premiers, ta ta ta ! Et les secondes prennent la mer, ta ta ta !

Le pêcheur breton est un pilier de barre, de gouvernail. Il passe ses journées dans les débits de poissons. Il mate l'eau à longueur de gros temps, d'où son nom : matelot. Il est capitaine de l'armée du chalut. La mer lui a mis le grappin dessus. Il écluse, il étanche, il tète la mer. Il est shooté à l'iode, il fume de l'algue, il boit la tasse, la soucoupe et la petite cuillère avec ! Il a, depuis des lunes, accroché son âme à l'hameçon et la mer mord. Elle l'entame, elle l'use. Elle le ronge de l'intérieur. C'est une maladie qui s'appelle l'osmose : l'eau de mer qui s'infiltre sous la peau, et c'est la pourriture qui guette. Le pêcheur breton creuse sa trombe. Il rame. Il rentre le soir, épuisette, et plonge dans son lit. Il dort en chien de harpon. Le matin, quand il sort du lit, il tangue, il a le mal de terre, il doit vite repartir, se remettre à flots. Dans son ciré jaune, le pêcheur breton n'en a rien à cirer. Il est waterproof, hermétique, impénétrable. Il ne parle pas. Il n'est pas homme de harangue. D'où ce proverbe marin breton : « Qui ne dit mot consent le poisson. » Il n'ouvre la bouche qu'à la criée. Là, il hausse le thon, la morue ou le rouget. Le pêcheur breton met les voiles entre lui et son port d'attache. Il est toujours OK pour partir. Sa femme, elle, est à quai pour qu'il revienne. La femme du pêcheur breton s'ennuie. Cent nuits et cent jours. Elle surveille sa ligne. Elle se tape le vague à l'âme contre les murs. C'est le ressac. Elle ressasse. Elle se fait un sang d'ancre, mais elle mouille rarement. Elle écope. Elle est déboussolée. Parfois, la femme du pêcheur breton en a marre, et les amarres, elle les largue elle aussi, elle prend le large et va pécher ailleurs. On entend alors au loin, les deux cornes de brume de son épave de mari, qui hurle à la mer. L'addition du pêcheur breton est comme la mer : salée !

Les Ellen MacArthur ont la mer qui leur sort par tous les ports ! C'est bien simple : ce sont des jetées ! Gamines, elles sont la risée des vents. Assises dans le sable, elles regardent, bouche bouée, la marée qui monte quatre à quatre les escaliers de galets, et, le soir, la marée qui descend la poubelle : bouteilles et sacs en plastique, vieilles godasses de pêcheurs bretons ou grand-bretons. Au milieu des détritus, il y a toujours un bout de planche, avec un morceau de tissu accroché à un vieux clou. Les Ellen MacArthur, elles regardent la planche et elles voient un immense bateau, et elles embarquent à vie sur leur rêve. Les Ellen MacArthur ont très tôt un grain, un grain de Sables-d'Olonne. Alors très très vite les vents leur font la bise ! Elles ont une foi qui soulève les tramontanes, elles boivent du sirocco comme du petit-lait, elles ont le mistral gagnant, elles se mettent vite aux courants ! Les Ellen MacArthur jouent exclusivement sur mer battue. Elles voyagent au long cours. Contrairement aux pêcheurs bretons, elles montent rarement au filet. Elles plantent leur tente de voile sur un terrain vague, un beau pré d'écumes, quelques sardines, un banc et un mât. Elles esquif, elles se racontent des falaises, s'écrivent des récifs, prennent des trains de corail. Entre elles, elles peuvent être vite assommantes, elles ont des conversations de salons nautiques. Elles se nourrissent de baies, de calanques, de criques, elles jouent au golfe, à l'estuaire. Peu importe combien elles gagnent, elles ne touchent que des appontements ! La nuit, elles font des cauchemers, elles se réveillent avec des rouleaux dans les cheveux, elles prennent des bains de houle.

Les Ellen MacArthur font leurs courses en solitaires. Elles vivent entre les lignes. Entre la ligne de départ et la ligne d'arrivée. Elles ont le vent en poupe et enchaînent peu ou prou les exploits. Elles taillent la route du Rhum, elles filent en catimini-Transat, et, joyau des joyaux, le Vendée Globe ! Là, les Ellen MacArthur pètent un câble, elles se montrent au mieux d'elles-mêmes, en rupture de haubans, elles cassent la bourrasque, elles ont une fièvre de chenal, leur vie va à la dérive, elles remuent ciel et mer, quand elles s'ennuient, toutes seules sur leur rafiot, elles s'offrent la gîte et le temps couvert, elles coulent des jours humides, parfois elles tanguent, chavirent, démâtent, s'effondrent au fond du cockpit, pour un peu elles se pendraient aux cordages, mais elles sortent le brise-larmes et refont surface, elles sont à elles seules une usine marée motrice ! Elles font des passes. Les rochers ? Elles les cueillent ! Les nœuds ? Elles les avalent ! Elles ont des phares au paupières, et des yeux à la coque, elles portent la voile, elles élèvent des focs.

Les Ellen MacArthur sont jetées, je vous dis ! Quand elles ont touché terre, elles n'ont qu'une idée en tête, se retirer sur leurs mers. Et là, toute la sainte journée, ni vu ni connu, elles ne savent décidément faire qu'une chose, mais elles la font bien : elles s'envoient en mer !

Amélie Nothomb

L'angoisse de la peau blanche

Écrire sur Amélie Nothomb ! Écrire SUR Amélie Nothomb ! Moi je veux bien, mais où ? Elle est toute frêle, toute menue ! Va falloir écrire fin, faire dans la dentelle, faire Nylon ni court, être synthétique, mais rester soie. Elle a la peau si fragile ! Elle n'a que la peau sur les audaces ! Aucune envie de jeter l'encre dans ses pores et brûler ses vaisseaux. Je ne voudrais pas la tanner ! Écrire sur Amélie Nothomb, c'est l'angoisse de la peau blanche ! Mes histoires cousues de fil blanc sur sa peau laiteuse, ça va passer totalement inaperçu ! J'ai lu son dernier roman[1]. Elle s'appelle Blanche ! Et c'est édité chez Albinos Michel. Elle est amarante, à fleur de peau, lys, pensées et vipérine. Vais-je oser l'effleurer avec ma plume ? Je ne vais pas non plus débiter des bana-

1. *Antéchrista*, éd. Albin Michel.

lités sur son dos, poser mes pattes de chat sur son ventre, y mettre ma griffe, rayer, biffer, lui raturer les côtes. Et puis il faut attendre des années et des années avant que ça tombe dans l'abdomen public ! Et si je lui écrivais sur les genoux ? Le genou, c'est le lieu idéal pour s'épancher : parler à la première personne, je, nous...

— Alors ce papier sur Amélie Nothomb ?
— Je suis sur les rotules !

De toute façon, il n'y a pas la place. Amélie Nothomb écrit déjà sur ses genoux, le matin, assise sur son canapé. Alors écrire sur ses mollets ? Ça lui fera une belle jambe ! Le tibia et la péronnelle...

— Vincent, qu'est-ce que tu fais aux pieds d'Amélie Nothomb ?
— Je ne lui arrive pas à la cheville ! Alors j'écris vite fait, sur le pouce...

Écrire sur son séant ? Une chronique qui ne serait pas dénuée de fondement, quelque chose comme : l'être et le séant, de la croupe aux lèvres, fesses-noz, le popotin de la commère, la lune dans le caniveau. Et surtout ne pas profiter de mes talents en orthographe pour lui donner une bonne correction. Non ! Faire le siège d'Amélie Nothomb, jamais ! Et puis j'ai toujours eu du mal à écrire en dessous de la ceinture ! Écrire autour de son nombril ? Impossible ! Un véritable embouteillage ! Ça se bouscule au portillon : Amélie Nothomb y a déjà écrit la plupart de ses romans ! Et si j'écrivais sur son visage avec un crayon à maquillage ? Paillettes, pattes de mouches, phrases dépilatoires, cosmétique de l'ennui, artifice et poudre aux yeux. Non, je préfère une écriture sans fard. Je n'ai pas envie de lui passer de la pommade ! Bien sûr si je dois écrire sur ses lèvres, je prendrai soin de mettre des patins pour ne pas la salir. Et si elle refuse les patins, je glisserai discrètement une accolade autour de son cou, je lui laisserai un collier de points de suspension, avec écrit en tout petit : découper suivant les pointillés.

Alors écrire au bout des ongles un carnet de voyage ? Monter au front, lui passer sous le nez, aller à la ligne de la main, garder le meilleur sous le coude ? Je ne voudrais pas la surcharger, ça risquerait de lui rester sur les bras ! Et puis écrire, c'est bien joli, mais de quelle couleur ? Je n'ai pas envie de lui laisser des bleus sur la peau. Encore moins des rougeurs, ça va l'irriter, j'aurais l'impression de passer un eczéma ! À l'encre jaune ? Je vois d'ici la presse : Amélie Nothomb, les pages jaunes ! Stupeur et tremblements : un roman nippon ni mauvais écrit par une coureuse de Japon ! Écrire en vert sur la plante de ses pieds ? Elle piétinerait ma prose de poète en herbe ! À l'encre sympathique, mon penchant naturel ? Amélie qui se plaint d'être invisible, cela ferait ton sur ton !

Alors, chère Amélie Nothomb, il faut me résoudre à vous noircir. Vous serez mon Antigone, je serai votre crayon ! Fiez-vous à ma bonne mine ! Ne craignez rien, je suis loin d'être indélébile profond. Si je graphite autour de vous, vous pourrez, dans quelques secondes, m'effacer définitivement, d'un simple coup de gomme. Ce sera d'ailleurs préférable pour vous : car, si mon stylo habille, pour lire ma chronique, il faudrait vous effeuiller…

Érik Orsenna

Le chemin des écaillés

Érik Orsenna a trois amours dans sa vie : la mer, les jardins, l'écriture. Déferlement de mots, tempêtes de fable, récifs d'aventures. Il me fait irrésistiblement penser à mon ami Michel, pépiniériste à Soyaux, dans la banlieue d'Angoulême. Son magasin s'appelle le Gairidon. C'est un passionné de voile. Ou de vapeur, je ne sais plus ! Érik Orsenna aime les îles, Michel aussi. Il aime les « Il », les « Il flottantes », il leur roule des archipels. Il y en a qui ont fait de l'atoll pour ça ! Érik Orsenna a succédé au commandant Cousteau à l'Académie française. Michel, lui, a succédé à l'adjudant Plombac, qui tenait une boutique « À l'armurerie française ». Quand Michel a racheté la boutique, il a rendu hommage à son prédécesseur : Plombac siégeait dans un fauteuil roulant, et Michel a simplement dit : « Dorénavant, le pouvoir sera au bout du fucus ! »

À Soyaux, Michel, tourne en rond, comme une marée en cage. Il joue du Pineau toute la journée, un très beau Pineau, à queue, forcément ! Il mange les huîtres de sa marraine d'Oléron. Non, il n'aime pas trop les moules, ça n'est pas dans son tempérament. Une fois par an, il fait une expédition dans le Grand Nord, direction les broderies d'Argentan, via les rillettes de la Sarthe. Il franchit le cap Horn à Alençon, au milieu des vaches normandes, les quarantièmes mugissants ! À Soyaux, Michel, c'est un peu Mme Bâ, le personnage du livre d'Érik Orsenna ! Des centaines de gens remontent la Charente et viennent le voir, chez lui, dans son salon, pour savoir qui ils sont, pourquoi ils sont sur cette terre. Certains soirs, Michel, c'est même Mme Bâ résille. En ce moment, il apprend le morse ! Le morse ! Un pinnipède ! Pourquoi pas le phoque pendant que tu y es, Michel ! Les gens disent qu'il a des morses bizarres. Et eux ? Ils se croient normaux, sous prétexte qu'ils sont otaries-sexuels ! Des veaux marins, oui ! La voile qu'il préfère, Michel, c'est le foc. La nuit, il se réveille en pleine nuit, et hurle : « Bande le foc ! » Non Michel, ce n'est pas bander, c'est « *border* le foc ! », Michel, c'est un amoureux des mots, il en invente parce que la langue n'est pas assez vaste pour lui. Il peut très bien dire : « Caguez le grand caca d'oie ! » Non Michel, c'est « Carguez le grand cacatois » ! Il ne sait pas, Michel ! Il se prend les pieds dans les voiles, il a des misaines au bout des doigts, une vergue dans la paume de la main, il s'emmêle les pinceaux entre les trinquettes et le tapecul, il rêve de décrocher la hune !

Une chose est sûre : il ne démâte jamais. Qu'est-ce que vous croyez ? C'est pas parce qu'on aime le pédalo qu'on n'a pas des rêves d'océan ! Il laisse sa voiture sur le bateau devant chez lui et il voyage en corail. Il y a beaucoup de lagunes dans son éducation. Il faut l'entendre parler bateaux, Michel, ça fait un chalut d'enfer ! Il nous en met plein les cotres, il est barge ! Il adore quand les marins sortent leurs péniches. Par moments, il nous pèle un peu les jonques avec ses bateaux. C'est bien simple, même en marchant, il chaloupe ! La semaine dernière, il a manifesté avec les enseignants : il croyait que c'était une manifestation de marins, parce qu'il entendait parler de bac et de ferry... Michel, il a toujours aimé rire et ce qu'il aime le plus au monde, c'est de voir les gens amerrir dans son jardin. Tiens, justement ! Il a installé un mini-transat, dans son jardin. Il se sert un jus d'orange avec deux icebergs, et il lit son journal. Il appelle ça la solitaire du *Figaro* ! Il se protège du soleil avec un parasol qu'il a arrimé solidement avec des cordes à linge. Il dit : « On ne sait jamais, si quarante nœuds me tombaient dessus... » On ne rêve pas, Michel !

Je sais qu'un jour, Michel, skipper le dauphin, cockpitre à la crête des vagues, tu largueras les riz, les riz au lait, les risotto, les riz cantonais, au curry, même le riz au safran, tu largueras les homards, et tu mettras les voiles, tu tiendras bon la barre, et le safran aussi, tu prendras le large, direction le Maroc, attiré par les sirènes de l'amour. Tu remonteras les Vents Alizés jusqu'à l'Algue de Triomphe, tu prendras le chemin des écaillés, tu feras l'Éole buissonnière. Arrivé à bon port, tu gareras ta petite felouque, et tu te fixeras enfin à une bitte d'amarrage. Je le connais, Michel, ses yeux seront remplis de bouée, il nagera dans le bonheur. Ce sera deux mille et une nuits, l'odyssée des spasmes.

Ulysse au pays des merguez. Là-bas, de l'autre côté de la mer, avec son col marin et ses socquettes blanches, il fera sa demande en mareyage. Le cœur sur les nageoires, les ouïes grandes ouvertes, les branchies dilatées, il achètera du bonheur à la criée ! Il se moque bien des arêtes, Michel. Et de retour dans son jardin, s'il revient un jour, il remplacera son mini-transat par un transat en double !

Cher Érik Orsenna, je sais que vous allez partir dans les mers du Sud, sucer des glaces dans l'Antarctique. Vous ne pourriez pas emmener Michel avec vous ? Déposez-le en passant à l'embouchure du fleuve Sénégal. Il remontera en pirogue, jusqu'au pays des sables émouvants. Et puis, à bord, vous pourrez toujours toucher son petit pompon rouge, ça vous portera bonheur !

Géraldine Pailhas

Plein les mirettes

Il fut une époque où le cinéma était une affaire d'œil. L'œil de la caméra fixait sur la pellicule l'œil de la comédienne qui fixait l'œil de la caméra. Et dans la salle une centaine de paire d'yeux fixaient sur l'écran le regard de la comédienne qui semblait regarder le spectateur au fond des yeux. Quand le spectateur s'ennuyait, il s'endormait en fermant les yeux. Quand il était ému, il tirait la sonnette des larmes. Quand il était heureux, il plissait les yeux, quand il avait peur il les écarquillait. Sur l'écran, le méchant lançait des œillades assassines, le gentil tournait de l'œil, les amoureux se regardaient dans le blanc des yeux, les acteurs avaient le sourcil de la perfection, les grandes stars portaient deux phares aux paupières, à cette époque-là, avec des cils on mettait Paris en bouteille, les yeux se déguisaient, rimmel, khôl et mascaras, les commissures dressaient aux yeux des amandes, et ces regards peinturlurés, ces éclats de lumière, on les dévorait des yeux, on s'en mettait plein les mirettes.

Dans la salle c'était la nuit, et, la nuit, c'est bien connu, tous les chats étaient gris et les chagrins aussi, on n'avait plus que les yeux pour pleurer : des yeux tout bêtes, en rang d'oignons épluchés, qui présentaient les larmes, oh !, pas des larmes, non, de la liqueur de prunelle. Il pleuvait des cataractes, ça pleurait à verse dans la salle, les mouchoirs fleurissaient comme des aubes de premier communiant, et quand le mot fin apparaissait sur l'écran, on applaudissait des paupières à tout rompre, on clignait des yeux, c'était à cause de la lumière, du moins c'est ce qu'on essayait de faire croire, mais on avait de la buée sur les carreaux. On avait vite remisé les mouchoirs essuie-glaces dans les poches, et les poches on les avait sous les yeux. On se retrouvait dans la rue, les yeux en dedans de soi, à essayer de se repasser le film, pour en emporter un peu à la maison. Le cinéma, c'était une affaire d'œil. D'ailleurs au début le cinéma était muet, il n'a jamais été aveugle.

Aujourd'hui, de plus en plus, le cinéma devient affaire d'œsophage et d'estomac. Il n'est plus muet, il est bruyant. Il n'est plus en noir et blanc, il est en colère. Explosions de rire et de missiles. L'émotion ne se mesure plus en cm^3 de larmes ou en paquets de Kleenex, mais en hectogrammes de pop-corn ! Ou, ce qui revient au même, en liasse de billets de banque. L'œil du ventre a pris le pouvoir, on va au cinéma avec une carte de crédit, on fait la queue aux caisses, on vous donne un ticket pour la salle 17 au fond à droite, vous prenez l'escalier qui descend, puis l'Escalator sur votre gauche, c'est au troisième sous-sol, porte de droite, on fait le plein, avant de descendre, au rayon Amérique éternelle, frais de Bush et Disneyworld, pop-corn, bonbons à la graisse de vache folle et sucres en tout genre, on fait le vide avant d'entrer dans la salle au rayon urines et Coca-Cola, voilà la salle 17, c'est quoi, le film qu'on va voir déjà ? On s'en fout, j'te dis qu'c'est la 17 ! Hier j'ai vu la 13, c'était super, on a sifflé dix maxi-Coca à six ! Allez mange, ça commence !

On a un Caddie à la place du cerveau, on fait ses courses pour la semaine : boucherie sous Cellophane, passion congelée, succédané d'humour, conserves de sentiments et croquettes de stars. Les rêves sont à consommer sur place, il n'y a plus rien à emporter, menu best of Schwarzenegger, Big Mac reloaded, brute Willis, fast foutre et mac picsou ! Les acteurs jouent avec leurs muscles, pectoraux pour les hommes, labiaux pour les femmes, le talent se mesure aux glandes, sudoripares pour les hommes, mammaires pour les femmes. Quand les lumières se rallument, inutile d'écrire le mot faim sur l'écran, le spectateur est repu, gavé, rassasié, il abandonne d'ailleurs par terre son grand bol de pop-corn en carton aux trois quarts vide, les dernières crottes blanches s'écrasent sur la moquette, ça colle aux chaussures, ça colle à l'air qu'on respire, l'équipe de nettoyage commence à passer dans les travées, pour préparer la salle pour le service suivant. La 13, la 17, la 9 et la 5 se retrouvent dans la rue, tout le monde a pratiquement vu le même film, en version doublée Dolby digital et THX surround, dans trois mois on achètera le DVD, pas pour le film, c'était naze, mais pour les bonus, le bêtisier, le making of et la bande-annonce qui est géniale !

Il fut une époque où le cinéma était une affaire d'œil et je me demande si *Une vie à t'attendre* n'est pas un film d'une autre époque. Un film où l'on ne croise que des regards, où les yeux se cherchent, se glissent, fuient, reviennent, repartent, jouent à la rétine russe, cornée de bal, poudre d'iris, humeur vagabonde, où les yeux font comme chez yeux, et où les vôtres, Géraldine Pailhas, font si bien ce que les yeux font de moins en moins souvent au cinéma : regarder. Voire même, voir !

Loïck Peyron

C'est la mer qui vous supporte !

Cher Loïck Peyron,

Tout un bouquin sur la mer, et pourtant, reconnaissez que vous restez à la surface ! Vous ne faites qu'effleurer le sujet. Vous lui glissez dessus. La mer vous laisse à la porte. Vous rasez les mers. La plupart des vôtres, qui se sont aventurés plus profond, n'en sont jamais revenus, et pour eux l'addition est salée ! Il faut reconnaître que, pour vraiment entrer à l'intérieur, c'est compliqué : c'est « combinaison correcte exigée » ! Il faut faire la plonge, apporter ses bouteilles, bien sûr, l'ambiance à l'intérieur n'est pas très festive : l'atmosphère devient vite irrespirable, la lumière est de plus en plus glauque, il y a une pression énorme !

La vraie mer, là où les plongeurs du grand bleu ne pourront jamais s'aventurer, est inaccessible. De temps en temps elle envoie un cauchemar géant déguisé en calamar, il remonte des abysses et vient jouer aux osselets avec vos coques de noix, enfin, de noyés ! Si la terre est le plancher des vaches, ce que vous appelez la mer n'est que le plafond des algues. Pour la vraie mer, vous n'êtes que le voisin du dessus, le nez à l'air, les pieds dans les courants, et la tête dans les étoiles, les voiles, le gas-oil, les escales et les squales. Vous, les marins, vous ne faites que vous poser sur la mer. Et encore… vous mettez entre elle et vous du carbone, des fibres, du plastique, et c'est la mer qui vous supporte ! La mer c'est un peu votre paillasson, vous vous y essuyez les quilles. C'est votre descente de lit, votre tapis de bain, votre piste de danse. Alors que, si on y regarde bien, notre planète, c'est rien que de la mer, une mer qui aurait par-ci par-là, à fleur d'eau, des boutons de terre, des croûtes d'Europe, des cloques d'Asie, des escarres d'Australie, des furoncles d'Amérique.

Vous dites dans votre livre : « Est-ce pour rejoindre Aphrodite, la femme absolue, que les hommes prennent la mer ? » Pensez-vous vraiment que Stéphane Bern, quand il prend le bateau pour rejoindre son île grecque, court après Aphrodite ? Vous dites que vous prenez la mer, mais n'est-ce pas la mer qui vous prend ? Tatata ! Elle n'attend que vous, déjà étendue, elle vous attire en rase compagne, les côtes offertes, puis elle vous dévoile ses formes arrondies, elle ondule du croupion, pour ainsi dire ! Elle s'est soigneusement maquillée, moutons, écume et reflets, elle vous prend dans ses bras de mer, elle vous ballotte, vous bouscule, vous bascule, vous navicule, vous tentacule. Ce ne sont pas des histoires de cule, ça ? Vous la léchez, la caressez, vous tirez des bords, mais elle, elle vous retourne allègrement, elle vous ébranle copieusement, elle vous fait chavirer, et vous dessalez, ce qui est un comble ! Oh ! vous y prenez du plaisir, mais c'est la mer qui mouille ! Regardez-vous, vous êtes en nage ! Vous soufflez comme un phoque.

La mer, elle, elle a du vent dans les bronches ! Vous-même, Loïck Peyron, avouez que vous êtes un grand consommateur de vent ! Une star du show-brise, le Johnny Alizé des mers, toujours accoudé à l'isobare, vous raffolez des rafales, vous êtes invité permanent à l'émission *Le Fou du Noroît* de Jules Bern, sur les ondes de Plaisance-Inter. Jeune, vous étiez une bête de sextant ! Bien sûr vous êtes profondément laïc, Peyron, mais ça ne vous empêche pas d'arborer tous les signes ostensibles de votre religion. Vous vous rendez compte : cinq cents mètres carrés de voile ! Ça c'est du tchador ! Vous êtes un grand pacifique, c'est la moindre des choses pour un marin, mais reconnaissez-le, vous participez activement à la prolifération des armements de bateau ! Et tout ça a un prix ! C'est quand même le comble, pour un passionné de voile, d'être obligé de ramer pour trouver des fonds !

Remarquez, on ne peut pas dire que vous coûtez cher en nourriture : c'est la mer qui vous nourrit. Elle vous avitaille, prenant soin de votre assiette : regardez, elle a mis la nappe ! C'est au choix mer d'huile, sauce matelote ou marinade. La mer vous fournit votre bain quotidien, et vous bouffez des petits embruns, des petits salés, des rouleaux de printemps, des houles marinières et, en guise de dessert, des rochers, des îles flottantes, des fjords ou des baies. La mer vous sert à pleines gorgées (elle peut même, par gros temps, vous servir de la cuisine karcher !) et vous buvez la tasse, du nectar de vague, du mousseux, oh ! du brut, rarement du sec. Et quand elle se met en colère, vous baissez le pavillon, vous déshabillez vos bateaux et vous vous retrouvez comme des bouchons. Elle vous file une trempe ! Comme si elle se vengeait de tous ceux qui se servent d'elle comme d'une décharge. Tous ces gros cargos bouffis d'hydrocarbures, qui n'en finissent pas de se bidonner, de se dégazer les bronches, tous ces gros crados dégoulinants d'ambre solaire et d'ordures ménagères qui balancent leurs papiers gras excréments inintéressants dans l'eau. Heureusement, parfois, la mer retourne les détritus à l'envoyeur dans des beaux ressacs poubelles.

Et pourtant, on vient tous de la mer ! Elle nous a enfantés. Mais la mer, c'est comme une mère, on peut jamais y retourner. On essaie bien d'y revenir en dessin animé, on fait parler les poissons-clowns, ou bien on enferme des morceaux de mer dans des aquariums, chez soi, ou on achète un tuba et des palmes et on va se rincer l'œil sur des plages. Tout ça c'est de la mer de pacotille, du clapotis aux cerises, de la bouillie pour les chalutiers. Alors repartez à l'eau, Loïck, et au boulot, ramenez-nous-en encore des paquets de mer, du grand large, qu'on respire un peu !

Jean Piat

Des vies à répétition

Les vieux acteurs sont du pain bénit pour M. Raffarin ! Ils cotisent toute leur vie mais ne partent jamais à la retraite ! Raffarin aime les vieux acteurs. Les très vieux acteurs. Ce sont les vaches à lait de la Sécu. Un acteur, même malade, joue. Il cotise mais il ne se met pas en congé de maladie. Douste-Blazy aime les vieux acteurs. Mais les acteurs, eux, le savent : en fait ils ne vieillissent pas. Il faut dire qu'ils s'agitent beaucoup. Ils ont du panache, même si on ne leur rend pas toujours la monnaie de leurs pièces ! À tour de rôle, ils sont princes à la cour, nains au jardin, ils grimpent au rideau, foncent dans le décor, ils boivent les coulisses jusqu'à la lie, vous font des scènes, ils vous servent la vie sur un plateau, se font tailler des costumes, ils passent leur temps à crapahuter vers le haut de l'affiche, ils ont des vies à répétition, ils ont rarement des problèmes de cœur, tout juste des problèmes de choristes.

Il faut dire que les acteurs mangent sainement : très tôt, ils se nourrissent de planches, très tôt. Vous me direz, ce n'est pas forcément le garant de la longévité, regardez Jésus, il est né au milieu des planches de son charpentier de père, et il a fini sur deux planches ! Il n'a fait que trente-trois ans de carrière. Mais reconnaissez qu'il n'a pas vieilli, Jésus ! Jeanne d'Arc, c'est pareil, elle a bûché toute sa vie et elle a fini, elle aussi, sur les planches, mais elle est morte jeune. On peut dire qu'elle les a brûlées, les planches ! Oui, parce que les acteurs brûlent les planches. C'est drôle, dans un théâtre, pour respecter les consignes de sécurité, tout doit être ignifugé. Et les acteurs ont le feu sacré et brûlent les planches ! Ils grillent les feux de la rampe, s'embrasent, se consument (les grands acteurs de théâtre, quand ils meurent, on les met entre quatre planches et on les incinère, histoire qu'ils brûlent les planches une dernière fois).

Jean Piat, c'est le type même de l'acteur qui ne vieillit pas. Bien sûr, il a recours à des procédés anti-vieillissement, sa chirurgie esthétique, c'est le théâtre ! Depuis qu'il s'est fait refaire le nez, c'était à l'époque de *Cyrano*, je crois, il en use et en abuse, de cette chirurgie-là et la toile de fond de ses yeux reste toujours peinte en bleu ! Tous les soirs, deux heures avant de se coucher, il se fait des bains debout sur scène, le lever de rideau lui efface les rides, le proscenium élimine l'excès de sébum, les alexandrins lui nettoient les pores, sous le gril, il se fait des cures aux rayons des projecteurs, les trois coups lui fortifient le plexus, les allées et venues entre cour et jardin lui resserrent les muscles (les muscles se relâchent le lundi, uniquement), chaque nouveau rôle est un masque de jeunesse, le théâtre est un excellent régénérateur de peau, les textes sont de la gelée royale, les tirades entretiennent les neurones, chaque soir, dans la loge de Jean Piat, les habilleuses lui retendent les tissus… Le strass lui enlève le stress, le bruissement des spectateurs derrière le rideau est une musique apaisante, les perruques entretiennent son cuir chevelu.

En fait de pommades, Jean Piat s'est toujours frotté aux grands auteurs, Shakespeare augmente son taux d'hémoglobine, Dorin son rythme cardiaque, c'est bien connu les triomphes empêchent de prendre du bide, et, remède miracle, tous les soirs, le public lui fait une liposuccion (rien de tel pour un acteur que de se tailler un grand « sucé » !). Jean Piat se masse aux applaudissements, les rappels font disparaître ses bourrelets, les ovations sont ses antidépresseurs, les bravos sont euphorisants, chaque nouvelle pièce lui retire des années au compteur ! Déjà, pour un acteur, on ne dit pas il est octogénaire, on dit il a soixante ans de carrière ! Et hop, vingt ans qui passent à la trappe du plateau ! Sa petite voiture, Jean Piat, c'est le désir de jouer. Avec ça, il se déplace n'importe où, il saute comme un cabriolet. Sa DHEA, c'est la sonnerie du téléphone et le rôle qui vient avec…

Jean Piat, plus il vieillit, plus on le prend pour Alain Delon, si c'est pas un signe de jeunesse, ça ! Regardez-le, chaque jour il court le long de la scène (il paraît qu'il répète en jogging et en Nike !). Il a fait tous les théâtres de banlieue, Figaro-sur-Scène, Cyrano-sur-Scène, Molière-sur-Scène, Guitry-sur-Scène… Une seule banlieue où il n'a jamais mis les pieds : L'Ennuisur-Scène. Même quand il écrit, Jean Piat est au théâtre, et la cure de jouvence continue : avec l'écriture, Jean Piat garde la ligne. Regardez comme il porte beau, comme il porte Beaumarchais ! Jean Piat rajeunit de deux cents ans…

Cher Jean Piat, si le rideau de scène rajeunit, il y a un autre rideau qui vous met un sacré coup sur la carafe, c'est le rideau de fer ! Quand il tombe, celui-là, les pompiers ne sont jamais très loin… Qu'il tombe le plus tard possible, il y a encore du public dans la salle, que les trois coups succèdent aux trois coups, à force, ça fera les quatre cents coups, et ce sera reparti pour un tour de manège ! Messieurs les comédiens, en scène, le spectacle commence dans cinq minutes…

Patrick Poivre d'Arvor

Ce fut un grand tome

Cher Patrick Poivre d'Arvor,

Vous faites partie de ces gens qui se sont posés de leur propre chef, à grand renfort de pixels, tous réacteurs allumés, sur le tarmac de la notoriété, comme sur un étal de boucher, et qui se font royalement découper en tranches, saucissonner, dépecer et saigner. La ménagère de moins de cinquante ans s'en lèche les babines, le bourgeois bohème se gausse, l'Audimat se gondole et vous faites la une de tous les journaux de la boucherie et des bas-morceaux réunis : Rance Dimanche, Vessie, Galaouis, Oh Lard ou Hâchis-Paris. À la télé on vous coupe les jambes, on ne garde de votre carcasse que le tronc, ça entre mieux dans le cadre, et les médias pressés, ou la presse média, si prompte au hachoir, ne retiennent de vous que quatre initiales en majuscule, c'est rapide, c'est comme une étiquette, c'est votre traçabilité à vous, PPDA. Chacun met ce qu'il veut derrière ces quatre lettres en néon, on est au supermarché de l'étiquette, en tête de gondole...

PPDA !
Puissant Présentateur
D'Actu,
Prolifique Prosateur D'Albin,
Postulant au Prix
De l'Académie,
Pétulant Panégyriste
D'Armorique,
Persistante Pieuvre
D'Amour,
Père Porteur D'Affection,
Paratonnerre à Potins
D'Amourettes,
Pugnace Paparazzophobe
D'Adriatique,
Plaisancier Passionné
D'Atlantique,
Perpétuel Pistard
D'Aéroports,
Péteur de Plombs
D'Anthologie,
Politique Peaufineur
D'Acoquinements,
Pote d'un Pontife
D'Amérique centrale,
Pipelette Papivore
D'Antenne,
Promoteur Privilégié
des Auteurs,
Pratiquant Pudique
D'Autolâtrie,
et même
Putatif Pianiste
D'Allégorie,
ça c'est dans vos rêves,
Poupée Préférée
de l'Audiovisuel,
Pseudo Priakov D'Artifice,
Patrick Poivre D'Abord,
Puis Poivre D'Arvor,
Pape du Paf D'Accord,
mais Paradoxalement
Perclus D'Appréhension.
Moi je m'appelle Vincent
Roca, VR, ça fait nette-
ment moins cossu,
même pas VRP,
VR c'est Vraiment
Ringard, Vachement
Ridicule, Véritablement
Rococo. Moralité,
dans la presse people,
je peux dire
sans me vanter
qu'on me fout la paix !

Cher PPDA, donc,

Dans la vie, il y a des PPDO et des PPD-BA, des Petits Plaisirs D'Orfèvre et des Putains de Poisses De Bas-étage, alors loin des exhalaisons fumeuses de La Havane, des maternités d'Irak, des caméras du JT et des téléobjectifs qui guettent vos éruptions cutanées et vos boyaux en fusion, fuyant le douloureux dilemme Public Privé vous avez décidé, par le biais de ce livre de rentrée, de vous mettre en stand-by, je dirais même en stand-Byron. Et vous jouez avec une autre étiquette, qui vous colle à la peau, vous voici Pépé « Didji », Patrick Poivre Don Juan, le grand Don Juan, DJ sans console, donc inconsolable. Enfin il ne s'agit pas de vous. Mais de Victor Priakov, soit, en gros, deux tiers de PPDA, qui joue à être Byron qui joue à être Don Juan. Un joli personnage, né sous le signe du Cancer du Cerveau, les petits crabes lui bouffent la vie du bout de leurs pinces d'or, le narrateur a deux tumeurs mais tu vis quand même. Et ce Priakov Poivre D'Artiste a un p'tit vélo dans la tête qui fait du gymkhana avec les métastases. Ah, c'est une sacrée bringue dans la tête à Patrick Papillon D'Amor !

Comment s'étonner que PPDA aime l'écriture ! C'est sa bouche d'aération, sa porte de sortie, son tuba, sa soupape, son soupirail, sa chatière, son sas de décompression, sa licence poétique. Ça lui permet de décerveler Byron *in-mortibus* et de se greffer son génie *in-encéphalus*, rien de moins ! PPDA vit dans les livres, comme dans un scaphandre. À l'abri du monde extérieur. Il dort sous leur couverture, c'est un doux de la feuille, un pêcheur à la ligne, un sauteur en paragraphe, toujours papier bon œil ! Il voyage en bouquin, comme d'autres en limousine, dans des modèles du dernier écrit, carrosserie cartonnée, sellerie cuir, pointure médiatisée, jaquette amovible, autopromo télé radio cassette, larmes incorporées, marque-page en alu en option, airbag lecteur, appuie-tête, lampe de chevet. Ou alors il se promène dans des modèles de collection, un coupé Frankenstein Mary Shelley 1925, confort, élégance, frisson, une Lord Byron d'origine, immatriculée en petite-Bretagne, 001 PPDA 22, conduite à droite, femmes anti-brouillard, boîtier cinq vicomtesses, gros tirage, avec pneu bot et klaxon poèt'poèt…

Qu'on se le dise, PPDA est atteint d'un mal incunable. Régulièrement, il suit des traitements aux rayons de bibliothèque. Et si l'on en croit un court chapitre de son livre, il rêve secrètement de mourir par les livres. Finir enseveli sous un éboulis de pavés littéraires, ou livré aux supplices les plus terribles : PPDA sous presse, cartonné, broché, cousu et collé, PPDA, assommé à coup de manchettes de journaux, dégobillant des renvois, éructant des citations, exsudant des exergues, dégurgitant des dédicaces. PPDA mis au pilon, broyé à la rotative, PPDA épuisé, absent des stocks. PPDA achevé à la Hachette ! Depuis le temps qu'il dit qu'il faut tourner la page. Regardez la page, elle est toute retournée ! PPDA gît dans un flot d'encre, corné, chiffonné, feuille morte qui a poussé son dernier écrit en guise de dernier soupir.

On écrira sur sa tombe : ce fut un tome, un grand tome. Et une note en bas de marbre : PPDA. Parti Prendre De l'Air…

Daniel Prévost

Un ébouriffant dans un magasin de pathogène

Cher Daniel Prévost, je vous écris depuis l'île aux Comiques, ce petit lopin de terre que vous connaissez bien, perdu dans le golf du bancal, à quelques encablures de l'isthme de fadaise, entre la mer des sarcasmes, l'océan pathétique et les côtes de la Nouvelle Cacophonie. Cette île, c'est notre parodie terrestre à nous, quelque part entre fiel et thérapie, oui, le royaume des facétieux est à nous, c'est un jardin d'œdèmes où les ego se gonflent, les chevilles enflent, les nombrils boursouflent, les bourrichons se montent, les têtes grossissent, les oreilles sifflent, les torses bombent et les orgueils turgescent.

Voilà presque quinze ans que votre avion a déconné, que vous nous avez plantés là. Comme vous le savez, ici, c'est la guerre ! Chacun monte sur les ergots du voisin, les rigolos font la gueule aux guignols, les poilants ruent dans les Bigard, les bouffons tirent sur les bidonnants, les marrants font la nique aux clowns, seul Franck Dubosc arbore son sourire indélébile, il affiche sur la plage son torse velu comme le saint-sacrement, monsieur drague les filles ! Devos s'est retiré dans sa grotte, vieux phacochère solitaire, il bouffe les mots par la racine, et peaufine son dernier texte sur la mort qui nous dépouille, les cadavres qui font du squelett'board entre quatre planches, la bière qu'il faut boire jusqu'à l'hallali, les grands brûlés incinérés jusqu'à l'os, et les vers affamés, qui font le pied de grue au comptoir du cimetière. Jamel, avec ses histoires à dormir Debouzze, fait des pieds et du bras pour renouveler le stock de conneries, Dieudonné rumine dans son bunker, Robin prépare le Grand Rex, Élie chante au clair de lune, Dany bourre les salles, Éric et Ramzy s'étripent et rament aussi… et les imitateurs s'imitent entre eux ! Quand au sus-nommé Bigard, notre comique tripier, nyctalope bien que presbyte, tel un moine cénobite, et c'est nos bourses que rien n'ébranle, couvant sous l'occiput sa madeleine de prout, se nourrissant de follicules, de cucurbites, il rêve, après le Stade de France, d'un Woodstock de la gaudriole, lui le Jimi Hendrix de la vanne, le Janis Joplin de la saillie…

Régulièrement des comiques prennent le large, ils embarquent sur un vieux rideau insubmersible et tentent une sortie en direction de l'île aux Alouettes, dans l'archipellicule, sur le vieux continent du Cinéma. La plupart échouent sur les bas-fonds, et rejoignent piteux leur port d'attache. La sketcheraie que vous aviez plantée à l'époque, et irriguée avec vos hectolitres de sueur, donne encore quelques fruits. Les comiques viennent y chercher leur pitance. Suivant les saisons et les contraintes du marché, on peut y trouver du gras, du lourd, du fin, du subtil, de la dentelle ou de la grosse ficelle d'emballage, du ouf, du barge, de la poilade, de la déconnade, du gag, et, parfois, un peu d'humour, après la pluie, sous la mousse et les racines. Les plus malins se contentent de ramasser les sketches trop mûrs tombés par terre, ce n'est pas le labeur qui les intéresse mais l'argent du labeur. Confiture de sketches, tarte aux sketches, eau-de-vie de sketches, tout est bon pour remplir les salles et rafler la mise ! Quand on pense que le mot « sketch », d'origine anglaise, signifie « esquisse » ! Ici, sur l'île aux Comiques, le soleil tape dur, mais ça pullule de champions d'esquisses !

Il n'y a presque plus de place au cimetière des éléphants ! Les tombes de Desproges et Coluche croulent sous les couronnes, le défilé des fils spirituels est ininterrompu, les cierges poussent comme le chiendent, arrosés par les larmes de crocodile des comiques reconnaissants... Votre DVD fraîchement sorti circule sous le manteau, sous le chapeau, sous le maillot de corps et sous les chaussettes, chacun regarde dans son coin votre bulletin d'infos « Je suis Daniel Prévost, je suis un forcené ! », et démonte le sketch pièce par pièce, pour essayer d'en comprendre le mécanisme : mais bon Dieu de bon Dieu, comment cette succession de conneries peut-elle encore et toujours faire rire ?

Ne cherchez pas, les gars, c'est qu'une question d'énergie, de grâce, Daniel Prévost est en surchauffe, il est constamment dans le rouge, il fait hurler le moteur, il pousse les vitesses, il force le passage, un sketch de Daniel Prévost est une zone de non-droit, les règles y sont courbes, les mots sont sous acidité, les radars disjonctent, les polices de caractère sont inopérantes, Prévost est en éruption, il bout par tous les bouts, sa moelle vibrionne, Prévost s'alimente à l'improbable, à l'hirsute, à l'infréquentable, et les soutes bourrées d'incongru, il décolle pour ne pas garder les pieds dans la boue, et le cœur dans la marée noire. Prévost est un forcené, possédé du dément, un énergugusse, un extradivaguant… c'est un sans-papiers de l'humour, un clandestin du rire, un Kabyle maboul, un berbère bizarre et bargeotant, c'est un caillou dans l'engrenage, un ébouriffant dans un magasin de pathogène, c'est la mouche du cauchemar, l'essentiel qui met le feu aux ploucs, la goutte d'or qui fait déborder la base.

Il a déconné définitivement, et par beau temps, en levant la tête, en fixant bien haut au-dessus des arbres, des clochers et des girouettes, il arrive qu'on aperçoive une longue trace blanche qui s'effiloche et l'on se dit : « Tiens, Prévost est passé par là… »

Régine

L'emmerdeuse

Salve Régine, ah, mademoiselle l'emmerdeuse, la déconneuse, jolie la rousse, ex-reine des nuits parisiennes, grande Zoa du boa, gouailles, paillettes, champagne brut de décoffrage et whisky à gogo, madone des ivrognes et des fêtards disloqués, diva extravagante de Paname.

Régine, vous êtes un mammifère omnivore nocturne de la famille des anthropodiscothèques. Votre boîte crânienne fut pendant longtemps une boîte de nuit, des spots accrochés sous la voûte, vous aviez la fête dans le caillou, la trombine en stromboscope, l'occiput en bataille, l'arcade soufrière, l'apophyse au gin-fizz, le frontal enfumé, le pariétal branché sur vibreur, les mastoïdes prêtes à intervenir à la moindre incartade, le sinciput à l'affût et le mouvement dans le temporal. Vos fosses orbitaires étaient pleines à craquer, le cortex cérébral veillait au grain, grain de folie et bons vivants en rafale. Dans les boîtes de nuit de Régine, comme dans sa tête, le sommeil exécré n'était jamais admis... ou alors, deux trois heures, en fin de nuit, quand le soleil se levait. Des videurs à l'entrée étaient chargés de bloquer l'accès au sommeil, lui et ses valises sous les yeux, ses paupières en plomb, ses bâillements sinistres, ses ronflements grotesques et ses réveils douloureux. Idem pour les regrets. Dehors ! La nostalgie n'était admise qu'en tenue de camouflage. Le travail, par contre, avait sa table réservée. À toute heure du jour et de la nuit, il rentrait, il faisait comme chez lui, chez Régine !

On disait de vous : à ce rythme-là, elle ne fera pas de vieux os. Et pourtant les os ont tenu : vous avez la rotule fringante, la colonne verticale, le coccyx alerte, la clavicule pimpante, la hanche arrogante, le fémur élancé et les phalanges au taquet. Les os sont toujours là, avec de la vie jusqu'à la moelle, et de la chair autour. Après tout, l'important, pour un os, c'est de bien articuler, de se faire comprendre. Et vous vous êtes fait comprendre. Et puis, le seul os qu'il vaille la peine de surveiller, c'est le myocarde, le cœur, un os qui se ronge le sang. Oui, je sais c'est pas un os, mais le cœur des gens est tellement dur parfois, et qui ne s'est pas fait, un jour, une bonne fracture au cœur ? Une lésion ? Combien d'hommes à genoux se sont fait un épanchement de Sidonie, de Sylvie, de Sissi ou de Sindy ? Combien de gens ont eu parfois le cœur déboîté ? Le cœur décalcifié ? Même l'amour, on dit on l'a dans le cœur, alors qu'on devrait dire on l'a dans l'os ! Et le cœur, comme tous les os, qui vous flanque des rhumatismes ! Les amants tirent sur les ligaments, les tendrons échauffent les tendons, les conjoints frottent aux jointures, les serments écrabouillent les segments… sans parler de l'âge de l'arthrite qui pointe à l'horizon… Oui, le cœur est le siège de toutes les affections, y compris les affections cardiaques !

Régine, vous dites que ce qui est important, c'est ce qu'il y a au fond de cet os-là, le cœur. Et bien sûr, les hommes, en général, c'est pas cet os-là qui les intéresse. Les hommes. Comme vous dites, Régine, « faut pas trop leur en demander, c'est vrai… » Le seul os qui les intéresse, c'est celui qu'ils ont entre les jambes, oh, pas quand il est os de seiche, ou désossé, ou cartilage flexible, non, quand il est OS, OS ouvrier spécialisé, perforateur, pompeur, ramoneur, autotamponneur, emboutisseur, taraudeur. Les hommes ne sont opérationnels que le drapeau érigé, quand ils jouent du tibia de compétition, du péroné à pistons. Quand leur drapeau est en berne, en déliquescence, raplapla, là, les hommes commencent à gamberger, à créer des œuvres sublimes, à regarder un peu plus loin que le bout de leur cicatrice ombilicale. Les grandes découvertes de ces messieurs ne se sont jamais faites en période d'érection (les hommes politiques, c'est pareil, ils ne sont jamais aussi faux culs qu'en période d'élection).

Alors, Régine, face à ces drapeaux érigés, comme métier, elle a dû faire emmerdeuse. Et comme dans tous les métiers, pour faire son trou, faut de la pratique, faut du style, faut de la grâce. Qu'on se le dise, Régine l'emmerdeuse se porte comme un charme ! Elle a le nerf chiatique, la veine chipoteuse, le biceps expéditif, le poumon cyclonique et une carcasse prête à encaisser. Dans la vie, y a les œufs d'esturgeon, gratin de caviar et truffe aux morilles et le lump-prolétariat, les œufs noirs de pacotille, entre les deux, c'est la lutte des places : place de parking, places d'honneur, places dans la queue, place au soleil...

Régine, elle a goûté aux deux, à pleines lampées, des lumières de Belleville aux néons de New York, et maintenant elle chante, pas plus, pas moins. Habillée de chansons en tissu de Serge, laissez parler l'artiste en pied ! N'en déplaise au chronomètre de cérémonie. Le temps, Régine, elle s'en tape !

Renaud

Le refrain des écoliers

Voilà 399 chroniques et cinq ans que mes mots se pavanent dans des modèles clinquants, en Déesse-Dombasle moteur GT-Barbie, en Lamborghini Luchini Fabrizzio, en Xantia diva Bartoli mezzo-torpédo, en Golf Wolks-Lagerfeld 1 litre 7 Coca Light ; cinq ans que mes phrases friment sur les grands Bouvard, en vélo-Sollers, Mozart au bec, ou dans des chroniques en sur-Régine ; cinq ans que mes blablas déboulent à Nothomb ouvert dans des Mercédès Baer 600 Cassel, des Porsche PPDA, des coupés Weber-Huster, pointures métallisées, Coffe sellerie cuir, 430 litres de jaja ; cinq ans que mes batteries d'adjectifs roulent torchés au Jean-Pierre Pernaut ; la semaine prochaine, on m'offre même un tour en Rolls Rothschild, ceintures en croco et stra-pantins ; cinq ans que mes paragraphes s'exhibent dans des vieux tacots de collection, fourgonnette Delpech, tracteur Dave, estafette Horner, qu'ils se sont même, pour certains, définitivement emplafonnés, envolés au paradis des chroniques, dans les valises de Claude Nougaro, Alex Métayer ou Jean Yanne, alors mes mots, vous pensez s'ils rêvent depuis longtemps de s'offrir un petit tour en Renaud !

Poser leur cul de mots sur du bon vieux skaï à moitié décousu, faire hurler le moteur, crisser les pneus, cracher de l'oxyde de carbone et du jus de chichon sur le pavé des beaux quartiers, se balader dans une carrosserie balafrée couleur rouille, klaxonner au nez des bourgeois, brûler les feux, narguer les poulagas, titiller les lignes blanches, bouffer les stops, tous phares allumés, rentrer dans le lard des chauffards du dimanche, d'autant que Renaud, c'est un modèle hybride, une sorte de roadster décapotable déraisonnable, « roadster Renaud, roadster Panhard », si vous voyez ce que je veux dire… moitié moteur turbo cent cinquante chevaux sièges baquet, moitié moteur bobo deux trois clébards banquette de 2CV, freins à disques d'or et plaquettes usées, pompe à eau anisée et durite pétée, tu rayes la carrosserie, y a toute la peinture qui vient avec.

Renaud est tellement rentré dans ses contemporains, il a tellement pris de pètes, c'est pas des pare-chocs qu'il lui aurait fallu, c'est des airbags sur chaque pore de la peau, sur chaque alvéole des poumons, sur chaque oreillette du cœur ! C'est quoi cette voiture avec le pare-brise tapissé de prunes ? C'est Renaud qu'a bossé comme un malade ! Non, rouler en Renaud, mes mots, ça leur fait des vacances ! Même si ça bringuebale dans un boucan d'enfer ces bagnoles-là, même si tu peux caler en pleine côte. C'est pas fait pour les circuits, mais sur deux trois refrains deux trois couplets, t'as pas de souci à te faire ! Ça te mène là où tu veux ! C'est du tout terrain. Tu te fais gratter sur l'autoroute par des berlines luxe, assurées tout risque, des chansons formatées, rimes teintées, césures chromées et paroles indigentes alu, orchestre de chambre + salle de bains carrelée, batterie de cuivres rutilants et grosse caisse enregistreuse, mais ces chansons-là, c'est que du toc !

De toute façon mes mots aiment le refrain des écoliers, la chansonnette buissonnière, les petites mélodies de montagne à deux voix, un piano, une guitare. Rouler en Renaud, peut-être que ça paraît pas fiable, mais c'est quand même du solide ! Depuis le temps que ça dure. Première mise en circulation : 1968, presque dix ans avant le premier cabriolet Cabrel, t'as qu'à voir ! Bon, c'est le genre de bagnole, tu te retrouves un jour en rade au bord d'un ravin, sur une voix de garage, tu peux y rester des années… et alors ? Mélanger le gazoil à l'essence ça arrive à tout le monde. Quelle idée aussi de rouler à l'amour ! Ça fuit de partout, ça démarre jamais quand il faut, c'est plein de saloperies. Enfin ! Un bon nettoyage et ça repart comme en 45 tours ! Et t'as fouillé dans la boîte à gants ? T'as tous les tubes qui t'ont vu grandir, et une poignée de mistrals gagnants…

Rita Mitsouko

Musique et Zicmu

Mais où va-t-on, si les Rita Mitsouko se mettent à jouer avec l'orchestre Lamoureux ! Au théâtre des Champs-Élysées, en plus ! Avenue Montaigne ! Dans les quartiers chics... Vous imaginez la presse : Musique et Zicmu ! Et le même titre qui paraît en verlan : Zicmu et musique ! Le tarpé fraie avec le nœud pap' ! Smoking, no smoking ! « Mon chéri, est-ce que tu crois qu'on a le droit d'applaudir entre les mouvements ? » Mais ma pauv' dame ! Non seulement vous avez le droit d'applaudir entre les mouvements, mais il est fortement conseillé de vous mettre en mouvement entre les applaudissements, il faut siffler, casser du fauteuil, allumer les briquets...

À la guitare solo, Fred Chichin, jeune virtuose formé au conservatoire underground des Gasoline, au visage à jamais coulé dans la cire, sur scène la Ringer, pas Ringer des voitures, loin de là, interprète une cantate romantique extraite d'un livret d'une rare pureté, dont sont extraits ces vers délicats :

— *Il me parle comme à un pote et hop la main à la motte, ça flottasse sous ma calotte.*

— *Qu'est-ce qu'elle dit ?*

— *Elle dit : Il mange de la compote, et hop, prend du beurre à la motte, du potage et des carottes.*

Ah ! ça tousse dans les travées, va y avoir du ketchup sur les velours, de la bave sur les murs, du Mac Do sur les strapontins !

Les mamies font valser leur manteau de fureur, les bas filent, les gaines bâillent, les permanentes défrisent, le vernis à ongles craque. Au secours ! Les liftings ne tiennent plus, les nerfs lâchent, les peaux retombent, ça ballotte dans les soutiens-gorge, les triple mentons bringuebalent, les bedaines s'affaissent, les poignées d'amour sont de sortie, les pellicules s'échappent des tignasses, les chignons se déloquent, les vessies se relâchent, déclenchez le plan vigi-prostate ! Les plombages sautent, les dentiers mordent la poussière, les moumoutes volent haut, les agrafes sautent, les bandes Velpeau déroulent leur tapis blanc, les compresses décompressent, les boules Quiès pètent comme des bouchons de champagne, cé-cé-cérumen ! Les prothèses se dévissent, les minerves s'énervent, les sondes se décrochent, les papis survoltés shootent dans leurs ballons gastriques, les perfusions fusent. Regardez comme les Parkinson ont le rythme dans la peau ! Les jambes de bois marquent le tempo, vas-y Rita, balance la sauce, crache les décibels, alléluia ! Les sonotones disjonctent, les pacemakers pètent un fusible, les poumons d'acier fondent, Frédéric Lodéon sous acide danse le hip-hop, Ève Ruggieri, dans sa baignoire, les yeux globuleux, la langue leste, commente en direct le show pour France-Culture :

Vous êtes à l'écoute de Musiques au cœur artificiel, nous vous proposons d'écouter maintenant le concerto rock-punk pour guitare groove, stromboscope, violons funky et chœur de lounge goraguérien en soul malheur déjanté, premier mouvement électro con moto enduro Bultaco, survol des grands airs, la Tosca à l'herbe de bison, Toscanini, Paganini, nini peau d'chien, Taratata de Nagui et Traviata de Verdi, deuxième mouvement hystéro techno Mitsouko con espressione avec montées chromatiques et descentes d'organes, ze no comprendo, Disco jungle et transe hardcore, barouf, bousin, potin, brouhaha, OPA sur l'opéra, le bourbier de Séville, Sarkozy fan tutte, la flûte en chantier, dernier mouvement andantino Rossi, les tatanes à Hauser, les noces du Figaro Magazine, musique tout-terrain, fracas, raffut, ramdam fortissimo, mesure en 4x4 et moteur six cylindres, chambard, vacarme con spirito sancto carmen !

Ça swingue dans les pupitres, les trompettes se nettoient le pavillon au karcher, les trombones boivent leur coulisse jusqu'à la lie, ah la, la, les archers mettent le feu aux altos, halte au feu ! Les cors s'envoient en l'air, les hautbois aboient, les murs se fendillent, on fait appel aux bassons, pour replâtrer, les percus renversent leurs timbales sur les nappes de violons, le pianiste balance des bottes d'arpèges, les bémols s'immolent, les dièses se déniaisent, le diapason est en pâmoison, les notes sont out of gamme, do décolleté jusqu'au ré, mi à croc, fatras, sol rissolé, siphonné, quant au la, accordé au 440, il se prend un vieux coup de mégahertz, le la est las, flafla, raplapla, bref, les Rita Mitsouko et l'orchestre Lamoureux, s'il fallait résumer tout ça en une formule cinglante et concise, je dirais que c'est le mariage de la harpe et du la punk !

François Rollin

Pourquoi nous hérissons-nous ?

Dans l'Éducation, qu'elle soit nationale, parentale, sentimentale ou bucco-génitale, il y a pléthore de professeurs. Il y a le professeur de base, le professeur d'école, l'instit (qui n'a pas forcément ni la moto, ni le 7 d'Or, ni la diplomatie de Gérard Klein), il y a le professeur agrégé (qui est au professeur ce que la nourrice agréée est à la nourrice), le professeur certifié (petit roi descendant d'Hugues Capès), le professeur émérite, agricole ou des arts et lettres, le professeur à la Sorbonne, le professeur à la sauvette, le professeur pas cher, le professeur kasher (salé, rincé, vidé) ou le professeur halal (élevé selon le rite musulman), le professeur à thé (qui se précipite au salon de thé après les cours), le professeur droitier (qui écrit avec la main qui lui sert pour voter), le professeur gauchiste (la bête à Bourdieu), il y a des générations de professeurs estampillés « ministre de l'époque », le goûteux et vieillissant brillant-savariste, le soixante-huitard nostalgique des Chévènement de mai, le Marilyn Monory, le mature-chaste-et-transmission de Saint-Jospin, le Lang de Blois du Blois de Boulogne, la cinquième Bayrou de la charrette, le pis-Allègre, le re-Jack langoureux, le tout jeune fil-de-Ferry, il y a le prof de fac, de fuck, de phoque, de flic, de fisc, de frasques, de frusques, le prof titulaire, le tutélaire, le tout en l'air, le t'as pas l'air, le prof en chaire, le prof en hausse, le pro forma, le prof fané, le professeur battu, le maltraité, le retraité, le déchet prof à La Hague, le prof en grève qui pédale dans la raffarine, le prof en mission, le prof chercheur en démission, le profiteur, la profiterole, le prophète, le prophylactique, et il y a le professeur Rollin.

Quand tous les autres profs ont fini leurs cours, qu'ils nous ont appris la vie et comment s'en accommoder, qu'ils nous ont notés, félicités, collés ou virés, quand ils ont bouclé leur cartable, remisé au clou leur blues et leurs illusions, quand ils sont remontés dans leur twingo assurée à la Maif, qu'ils sont enfin assis sur leur canapé Camif, ou Ikéa, quand ils ont fini d'aider leur progéniture à faire leurs devoirs, bref, quand ils redeviennent normaux et fréquentables et qu'ils ne mouftent plus, le professeur Rollin, lui, a encore quelque chose à dire ! Sur tout et rien, pourvu que le thème soit inattendu ou insignifiant. Sur la soudure autogène, les rêves récurrents, les parquets flottants, sur la pente idéale pour une toiture en chaume, la prétendue corrélation entre la durée des feux orange et leur position géographique ou même sur la furonculose, à condition qu'il dispose de six heures devant lui ! Le professeur Rollin alterne questions et réponses avec brio et maestria, capriccio et intelligentsia, carpaccio et ratafia, imbroglio et mass média, oratorio et alléluia, diphtérie-polio et protégé-tibia.

N'allez pas croire qu'il travaille beaucoup, non, le professeur improvise, c'est un virtuose à son piano, un piano aqueux, bilieux, amoureux, coléreux, fastueux ou grincheux suivant le degré d'humilité de l'interlocuteur, son taux de nuisance ou simplement son tour de poitrine. Sans partition, il lance des questions à la cantonade, comme celle-ci : « Si on lance une flèche sous l'océan, le nombre de poissons qu'elle transpercera sera-t-il plus grand si la flèche va vite ou si la flèche va lentement ? » Le professeur Rollin travaille au débotté, quand il n'est pas dans son jardin en train de tondre sa pelouse, devant sa cheminée en train d'attiser son feu avec une pompe à vélo, ou en train de nourrir son hérisson avec du Nutella. Car le professeur Rollin a dans son jardin un hérisson qui vient le visiter tous les soirs. Tous les soirs, le professeur Rollin va chercher dans sa cabane à outils sa grosse torche électrique et il suit le hérisson, dans la haie qui borde sa maison. Il le regarde pendant des heures laper sa pâte à tartiner et je me dis que là est peut-être le secret du professeur Rollin. Toutes choses en ce monde n'ont, pour lui, ni plus ni moins d'intérêt que ce hérisson, venant bêtement quérir sa pitance tous les soirs. Chacun a, quelque part, son assiette de sucreries qui l'attend, on passe une bonne partie de son existence à dénicher où peut bien être planquée cette foutue assiette, et quand on l'a trouvée, on se faufile chaque soir dans les feuillages, apeuré, pour nourrir ses petites cellules et son ambition, avec ce gros con qui nous aveugle avec sa lampe torche.

Pour ne pas avoir l'air de n'être que des hérissons affamés, on soulève des questions très sérieuses, le port du voile à l'école, les limitations de vitesse, la démocratie ou le diamètre du trou de la couche d'ozone. Comme le hérisson on s'habille de méchants piquants, qui font peur au petit chien du voisin mais qui font hurler de rire le moindre pneu 155/70R 13T ! Vas-y petit hérisson, engraisse-toi !, le pneu qui va te transformer en carpette est peut-être l'un des quatre pneus bien rangés dans le garage du professeur Rollin, aux quatre moyeux de sa Peugeot. Et quand il te verra aplati dans le gravier devant son garage, il dira « merde, le hérisson ! », car le professeur Rollin a toujours quelque chose à dire !

Nadine de Rothschild

Tous les chemins ne mènent pas à Romanée-Conti

Ainsi donc vous voici, madame la baronne Nadine de Rothschild, Jeanne d'Arc du savoir-vivre, reine de l'étiquette, hôtesse du Mont-d'Arbois, maîtresse de maison, madone des plans de table, décoratrice d'intérieur, copine de régiment de Jackie Kennedy, Marilyn Monroe et la Callas, pote à la duchesse de Windsor, Megévanne d'adoption, Genevoise d'addiction, quiberonnaise à la mode de Bretagne, biberonneuse de Château-Malmaison, 80% Merlot, 20% Cabernet-Sauvignon, Trouvilloise par Saint-James et Parisienne par de marché, permettez-moi de me présenter, monsieur le fanfaron Vincent Roca, Columérin par hasard, Parisien par intermittence, 16e arrondissement par profession, maître de séant, enfin de mon séant, autant dire de mon derrière, roi de l'à-peu-près, du calembour seconde main, biberonneur de château-badoit, en pack de six, 2% de calcium, 0,1% de potassium !

Excusez-moi, je vous passe devant, pardon, je vous tiens la porte, je vous en prie, vous préférez la banquette ? permettez-moi de prendre votre manteau, je m'en vais de ce pas le déposer au vestiaire, enfin, l'accrocher au perroquet, non, non, c'est moi, pardon, ce n'est rien, au contraire, je vous en prie, vous fumez ? pas de problème, je remballe cette modeste allumette, ne craignez rien, je ne poserai pas mon portable sur la table, j'ai épuisé mon forfait, vous noterez que je ne mets même pas le nez dans la carte, je la connais par cœur, de toute façon chez Ginette c'est plat unique, couscous merguez, et j'ai pensé que, pour l'accompagner divinement, un petit Boulaouane gris 2003 fera l'affaire, « Rachid ! T'as pas mis les olives ! », pardon, excusez-moi, un apéritif ? « Rachid, fait péter le pastaga ! », « Allez, bon appétit ! » ah, merde, pardon, j'ai dit ce qu'il ne fallait pas dire ! Non, pas « merde », « bon appétit » ! Vous allez avoir une piètre idée de moi !

Désolé, mais je n'ai pas assimilé votre manuel du savoir-vivre, j'aurais dû, car je vous l'avoue franchement, je ne sais pas vivre ! Mais alors pas du tout ! Qui peut d'ailleurs prétendre savoir vivre ? Amour, maison, boulot, société, nous avons tout faux ! Nous les hommes, nous aimons les femmes comme nous bricolons nos étagères, à coups de marteau et de perceuse à percussion, on les rabote, on les visse, on leur enfonce les chevilles, on leur colle du mastic, « Ma femme, j'y ponce, donc elle suit ! », un coup par-ci, un coup par-là, faut pas s'étonner que ça soit bancal, que ça branle dans tous les sens, et au bout du compte, ça part en vrille et ça s'écroule. Non, les hommes, en matière de savoir-vivre, ils consultent plutôt le catalogue Leroy-Merlin ! Qu'est-ce qui les intéresse ? Leur petit robinet, leur libido qui fuit, les luminaires, pas les préliminaires, le foyer qui s'encrasse, le barbe-cul… Alors, qu'est-ce qu'ils font ? Ils prennent de plus en plus des amours modulaires à monter soi-même, du bonheur en kit… Tu reçois ça par transporteur, tu n'es jamais là quand ils passent, faut rappeler quinze fois, tu finis par aller toi-même au dépôt, tu accroches tant bien que mal tes amours sur la galerie, avec des vieux sandows qui t'éclatent à la figure, tu arrives à la maison, tu défais l'emballage, la notice est en suédois, et bien sûr t'as pas acheté les piles d'accessoires qui vont avec, les lampions, les serpentins, les liasses et les bijoux, tu croyais que c'était fourni, non, c'est de l'amour brut… alors tu passes ta vie à glisser des cales sous les envies, coller des rustines sur les chagrins, coudre des pièces aux apparences… « Replâtrage et rafistolage » sont les deux mamelles de la France d'en bas ! Les choses sûres on les ressemelle, les pneumocoques on les rechape, les photos on les renfloue, les fossettes on les reprise, les tord on les redresse… Pour la majorité, le savoir-vivre, c'est système D, séries B, vitamine C, point G, pulls en V et rayons X…

Vous c'est Genève et Megève qui riment avec rêve, moi c'est Toul et Risoul qui riment avec fioul ! J'ai lu votre livre, à la page 147, vous demandez à deux charmantes hôtelières megévannes :

— Qui receviez-vous dans votre hôtel deux étoiles ?

— Jeanne et Henri Cayre, M. de Givenchy, Philippe Venet, Jean-Paul Belmondo, Martine Borgeaud, le grand entraîneur Alec Head et sa famille, Jean Mérieux, Caroline Pigozzi, Mme Thomme Patenôtre et son fils Éric, Domenica Walter venait souvent déjeuner à l'hôtel.

Du coup j'ai demandé à Polo, le gérant de l'hôtel des sports à Rizoul, qui il avait reçu la saison dernière :

— Ginette et Gérard Bouchot, M. Delapougne le rémouleur, Marcel Clergeot, Jean-Michel Pachaudon, Henriette Boussac, le grand déconneur Mouloud Hadj Ali et sa famille, Jeannot Malot, Giovanna Feraci, Mme Maria Gomez et son fils Manuel, le peintre en bâtiment Zoran Stokovich venait souvent prendre un sandwich à l'hôtel, à la pause de midi.

Vous dites : « Tous les voyages conduisent vers une destination. Un seul nous mène à notre destin. » Oui, mais ton destin, si tu as de la chance, tu y vas direct, en sleeping-car pour deux, billets offerts, couchette molle, service à la place et champagne à volonté, si t'as pas de chance, c'est en seconde, à six couchettes dures par compartiment, et tu t'arrêtes à toutes les gares : « Attention, le train corail 6859 à destination de votre destin va partir, prenez garde à la fermeture des portes, des comptes bancaires, des boîtes de nuit, des magasins, des frontières, des carrières, fermeture des gueules et fermeture de l'horizon. Ce train desservira les gares de Nuisance-en-Bareuil, Gifle-sur-Yvette, Sommeil-sur-Carton, Bettigny-les-Besogneux, Saint-Paulles-Trois-Gadins, Huissier-sur-Galère, Bouzillé-sous-Prozac, Alité-sous-perfusion et Marbre-sur-Tézo ».

Au revoir, Nadine ! Je vous enverrai une carte postale, si j'arrive entier à mon destin !

Jean-Paul Rouve

Des pages et des pages...

Étant moi-même d'un âge moyen, il m'a semblé opportun de célébrer aujourd'hui le Moyen Âge, cette époque bénie où la chevalerie, et son pendant, le cheval, tenaient le monde. De nos jours, l'automobilerie a remplacé la chevalerie, les armures sont montées sur roues, les joutes oratoires sont devenues des bordées d'injures, et les tournois, des carambolages monstres ! Le levier de vitesse a remplacé l'épée, et le costume trois pièces la cape ! Le chevalier Bayard s'est fait racheter par Gallimard, la table ronde est de camping, et les échanges courtois ne se négocient plus qu'à la banque du même nom.

Qu'est-il advenu des pages ? Ces jeunes nobles qui étaient placés autrefois auprès d'un roi, d'un seigneur, d'une grande dame pour apprendre le métier des armes ? En fait de cape et d'épée, les pages n'étaient pas très épais (ils ne pesaient que quelques livres, ce qui est déjà pas mal pour de simples pages), mais ils étaient cap' de tout, hardis et effrontés. À l'origine, les pages étaient damoiselles ou damoiseaux, la pagination était mixte, il y avait donc des pages roses et des pages bleus… Au terme de croisades qui n'étaient pas toutes victorieuses (au retour des croisades, on ne parlait jamais de défaites, mais de « vestes croisées »), les chevaliers se livraient à des joutes amoureuses, fortement arrosées, avec leurs pages, sur de grands lits, spécialement conçus, appelés « pageots ».

Les chevaliers participants étaient reçus, au portail, par des pages d'accueil, que l'on désigna très vite par le terme de « portails ». Ces pages étaient hébergés sur site. Au cours des premiers sets, des pages étaient mis à la disposition des chevaliers pour s'échauffer, en quelque sorte, c'étaient les pages liminaires, ou pages de brouillon. Les pages au service des chevaliers les plus nobles héritaient d'un peu de la noblesse de leurs maîtres et étaient enluminés, ils passaient devant tous les autres pages, on les appelait les pages de titre. Les pages étaient généralement vêtus de cotte de mailles, sorte de tunique à mailles formées de carreaux métalliques. Il y avait les pages à grands carreaux et les pages à petits carreaux. Les cottes métalliques transformaient les ébats chevaleresques en concerts de casseroles, et bon nombre de chevaliers furent condamnés pour tas d'pages nocturnes. Bien sûr, il y avait les pages qui avaient la cotte et ceux qui ne l'avaient pas. Pour des raisons pratiques, les chevaliers préféraient ceux qui ne l'avaient pas, d'où cette façon très particulière d'aborder les page en leur posant cette question abrupte : « tunique ? », expression qui, de nos jours, est encore utilisée dans les rapports amoureux, rapports que l'on qualifie alors de « chevaleresques » !

Afin de varier les plaisirs, les pages étaient numérotés et les chevaliers enfilaient des pages et des pages, si j'ose dire (le terme courtois n'était pas « enfiler » mais « feuilleter »), les marquant une fois passés à l'aide d'un marque-page. Ils sautaient bien entendu les pages vierges. Les chevaliers fatigués par les rudes combats s'endormaient souvent au bout de quelques pages, mais, après une bonne nuit réparatrice, ils étaient autorisés à se présenter à des séances de rattra-page. Certains, particulièrement habiles dans l'art de la mise en page, eurent l'idée de tourner les pages, ce qui fit dire à l'époque que ces pages étaient imprimés recto-verso. Les pages, bien sûr, n'avaient pas voix au chapitre. Les meilleurs pages, à tirage limité, étaient très recherchés et les chevaliers se les échangeaient discrètement cachés sous de grandes capes… ces pages suaves, admirables, rarissimes, ces pages d'anthologie, comme disaient les critiques de l'époque, se passaient donc sous le manteau.

Les chevaliers attribuaient des notes à leurs pages, et leur collaient une petite étiquette en dessous de la cheville, c'étaient les fameuses notes en bas de page… Les pages usuels, à force d'être tournés et retournés, s'usaient rapidement et prenaient le nom de pages cornés. Certains pages, très éprouvés, lacérés de ratures, froissés, chiffonnés, étaient abandonnés dans des petites cellules grillagées, qu'on appelait « corbeilles ». D'autres pages, épuisés, disparaissaient à jamais. Les pages qui souffraient de problèmes hépatiques étaient, pour des raisons évidentes de santé publique, retirés de la circulation et servaient uniquement à l'intendance. On les appelait les pages jaunes. Enfin, certains pages, c'étaient toujours des damoiseaux, imprimés uniquement au verso, faisaient le gay et furent désignés par le terme générique de pages de garde. Il y avait des pages de tous formats, mais les dimensions les plus recherchées étaient les pages 21, 29, 7… 21 ans, 29 kilos, 7 de QI.

Pour la petite histoire, sachez qu'au cours de ces joutes, des pauses étaient organisées durant lesquelles des pages présentaient, en musique, et dans des tenues affriolantes, les dernières innovations en matière d'armures et d'épées. C'étaient les pages de publicité. Après des années de bons et loyaux services, les pages devenaient écuyers ou écuyères (les écuyers portaient un blason en or, et les écuyères en argent), puis ils étaient adoubés chevaliers et jetaient leur cotte à la ferraille. Il était en effet rigoureusement interdit d'adouber en cotte. Voilà. Je ne sais si cette chronique passera à la postérité, ce n'était, très modestement, qu'une chronique de deux pages !

Michel Sardou

Le livre du temps

Personne ne peut changer sa phrase,
sauter une ligne un paragraphe,
le passé, le futur,
on garde les fautes et les ratures.

On est tous estampillés, encrés, imprimés dans un bouquin, le livre du temps. Le livre du temps est un livre sans table des matières, dont les feuilles, une fois lues, tombent, mortes. Un livre à paraître, paru et appelé à disparaître. Un livre qu'on aurait peut-être dû mettre au pilon, avant même de le publier. Oh, ce n'est pas un chef-d'œuvre ! Disons un succès d'estime. Mais le livre du temps est appelé à durer. Et puis c'est un livre qui s'écoule facilement ! Un livre d'art, posé sur un rayon de bibliothèque, un rayon cosmique : des milliards de vies reliées les unes aux autres, des vies cousues de fil blanc, des vies dorées sur tranche, enluminées.

Il y a ceux qui ont la chance d'être un grand tome, d'avoir une vie qui a du volume et puis les moins veinards, qui sont dans les annexes. Avec un peu de malchance, personne ne les lira. Ils dorment sur un carton, celui de la couverture. Certains sont raturés, ils essaient bien sûr de lire sous le trait de la rature, on distingue peut-être : énorme succès ou triomphe. Ah, merde ! c'est barré, dommage, pour eux, c'est mal barré, en somme. Chacun lit le petit bout qui le concerne, et, un beau jour, il faut tourner la page.

Et qui est l'auteur du livre du temps ? On ne le connaît pas, dit la chanson. Les croyants vont nous dire que c'est Dieu qui l'a écrit, ce livre. Il ne l'a d'ailleurs pas fini, mais Gallimard ne risque pas de le harceler au téléphone pour qu'il livre les derniers chapitres ! « Allô, Dieu ? Dites donc, c'est un vrai pavé votre bouquin ! Il va falloir songer à trouver une chute ! » Dieu, répondrait du haut de sa superbe : « Monsieur Gallimard, 1. La chute est programmée depuis la première ligne, cela n'a pas dû vous échapper. 2. Si vous aviez lu le livre un peu plus loin que le bout de votre nez, vous sauriez qu'il y a belle lurette que Gallimard est sorti du livre, et je ne vous dis pas par quelle porte !... » Bien sûr, Dieu n'a pas encore choisi le titre, il attend que le livre soit fini pour trouver la formule adéquate. Au vu des chapitres que nous connaissons, ça pourrait être *Chronique d'un bordel annoncé*, ou *Voyage au bout de l'enfer* ou *Autant en emporte les vandales*. On lui suggérerait bien *Pelle du Seigneur* mais ça ne serait pas très bon pour son image ! En tout cas, espérons que les droits d'auteur, liés aux ventes du livre du temps, iront droit à la reconstruction de la planète, qui en aura bien besoin quand le livre sera terminé ! Notez qu'il faudrait retirer les émoluments des nègres. Oui, Dieu aurait eu des nègres. Confucius, Bernard-Henry Lévy, Pierre Bellemare.

Les athées, eux, diront que le livre du temps est le fruit d'une écriture automatique. D'où son côté très « surréaliste », faisant côtoyer un étron mou sorti du derrière d'un caniche à sa mémère sur le pavé parisien et les *Tournesols* de Van Gogh, une photo de 4 mètres sur 3 d'un lépreux pour la fondation Raoul-Follereau et un mirifique défilé de John Galliano pour Dior. Le titre serait aléatoire, comme il se doit, quelque chose comme : *Sur le fil dérisoire*, tiens, c'est joli, ça, d'où ça sort ?

Et les plus audacieux diront que le livre du temps est écrit après coup ! Au fur et à mesure que le temps s'écoule, le livre consigne les événements, les vies. Un simple journal de bord, une fidèle transcription. Le livre du temps ne serait qu'un vulgaire livre des comptes, un journal de banque à trois colonnes, débit, crédit et solde. Au crédit, les pyramides d'Égypte, *Dans le port d'Amsterdam* de Jacques Brel, les premiers pas sur la Lune et le persillé de beaufort aux artichauts de Guy Martin au Grand Véfour. Au débit, les barres à loyer modéré du monde entier, *À la queue leu leu* de Bézu, l'idée que se fait George Bush des premiers pas sur la Lune et une assiette de compote de pomme tirée d'une boîte de 5 kilos servie avec une cuillère en plastique, un soir à la neige dans un camp de vacances Touristra, avec des taches d'huile et deux frites froides abandonnées sur la table en Formica, juste avant de rejoindre sa chambre-dortoir avec lits superposés, et n'oubliez pas de vous inscrire pour l'animation fête et cotillons du réveillon du premier de l'an, demain réveil à 7 heures, départ pour les pistes à 9 heures, en car, prévoyez un pique-nique pour midi, le propriétaire de la Renault 14 immatriculée 3476 PR 54 qui a garé sa voiture devant le local des poubelles est prié de la retirer dans les plus brefs délais.

Un livre du temps régi par une seule règle : au bout du compte, le solde doit être rigoureusement égal à zéro. À la page 687 234, y figurent les chansons de Michel Sardou, comme quoi, on a quand même bien fait de l'acheter, le bouquin !

Éric-Emmanuel Schmitt

La case de l'oncle scriptum

Un écrivain écrit n'importe où.
Je n'ai besoin que d'une maison imaginaire.

Cher Éric-Emmanuel Schmitt,

Quand je vous lis, j'ai l'impression de retomber en enfance, je suis dans mon lit, au bord du sommeil, et vous venez me raconter une histoire. Vous êtes un voyeur de grand chemin, un visiteur du savoir. Avec vous je pars en voyage de nostalgie, vous êtes une mine d'horizon, un navigateur solidaire, une sorte de « Narraton Man ». Pour vous j'ai inventé une expression : « Changer d'histoire comme de Schmitt ! » Et puis vous vous nourrissez de philosophie : agneau Pascal, servi avec des amuse-Hegel, Lao-tseu mimosa, Confucius de canard, Épictète de veau, Descartes tatin, alors, avec vous, les bagages voyagent en doute.

Vous écrivez des pièces, et toutes ces pièces, les unes à côté des autres, ça finit par faire une maison, une maison sur des planches, avec des pavés de romans empilés, une maison imaginaire, garantie pièces et main-d'œuvre ! Vous faites des pâtés en écrivant, des pâtés de maisons. Votre maison imaginaire, c'est un bungalow d'essai, la cabane du prêcheur, la case de l'oncle scriptum. Vous faites tout vous-même, vous êtes une entreprise de travaux pudiques, un peintre en sentiment.

Une maison imaginaire ! Un pan du mur des Lamentations, un pan du mur de l'Atlantique, un pan du mur de Berlin, des murs d'incompréhension, des murs parfois aveugles, des murs qui ont des oreilles, des murs porteurs de bonnes nouvelles, des murs rasés de près, des murs d'enceinte de neuf mois, prêts à accoucher d'un petit muret ou d'une p'tit' murette, des mûres en gelée pour l'hiver. Dans votre maison imaginaire, il y a des escaliers dérobés aux quatre coins du monde, des volées d'escalier, dans des grandes cages à ciel ouvert, et plein d'échelles, des échelles de Richter, une échelle de Beaufort pour monter prendre l'air à la belle étoile, des échelles de son, des gammes harmoniques pour grimper aux rideaux.

Votre maison imaginaire est à ciel ouvert : la voûte étoilée, avec juste une charpente médiatique, des poutres d'escampette, des combles d'ironie et des solives vertes. Bien sûr, sans toit, on risque à tout moment d'être piqué par les mystiques, c'est des choses qui arrivent. Votre lit est en sable, émouvant. Il y a des couloirs partout, avec des bruits de couloir, des intrigues de couloir, des alcôves bourrées de secrets, des cagibis, des réduits, des chambres de combustion. Dans votre maison imaginaire, il n'y a pas de problème d'électricité ! Vous dites que la foi est votre lumière.

C'est pratique, ça ! Vous vous éclairez au courant de pensée ! En prise directe sur le Tout-Puissant Dieu méga-watt ! Oui, mais la foi éclaire jour et nuit, vingt-quatre heures sur vingt-quatre. Il n'y a peut-être pas d'ampoule à changer, mais ça douille ! Dieu, ça fait des lustres qu'il nous éclaire. Il est incandescent, oui, mais ne dit-on pas : « Dieu est un » ? Alors il nous a envoyé son fil, son fil conducteur. Et Éric-Emmanuel Schmitt est son conteur… et parfois même, ça peut servir, son adaptateur ! Excusez-moi, mais moi, je m'éclaire au charbon : la foi du charbonnier…

Chez Éric-Emmanuel Schmitt, il y a partout deux couches de peinture. À la surface un crépi de doute, de l'agrégat de philosophie, et en profondeur un ciment de croyant, solide comme les convictions. Des fondations en béton, posées là, une nuit, dans le sable. Et pas de protection antisismique, au contraire ! La maison imaginaire d'Éric-Emmanuel Schmitt vibre de partout. Ça pète à Pétaouchnok, le tympan de Schmitt se met sur écoute ! Il a mis le portable et l'insupportable sur vibreur, vingt-quatre heures sur vingt-quatre ! Il y a des paraboles dans toutes les pièces, des récits, des allégories, Éric-Emmanuel a des antennes chirurgicales. Si sa maison imaginaire devait avoir un nom, il l'appellerait peut-être « Mon époque » ou « Tout à me mettre sous la dent ». Schmitt, il bâtit sur le monde, il a le matériau à portée demain, le commun des mortiers, le ciment de l'existence, le parpaing quotidien. Et Schmitt réagit tellement vite à ce qui se passe sur notre planète qu'il s'inspire parfois de faits divers qui n'ont pas encore eu lieu : *Petits Crimes conjugaux,* ça a été écrit avant Vilnius ! Ça aurait pu s'appeler : la Lituanie éternelle de l'amour.

Évidemment, une maison aussi vaste, c'est pas facile à entretenir. Mais ici, on ne nettoie rien ! On laisse traîner les mots partout ! C'est le royaume de la parlure, de la discutaille, de la gloserie, de la racontance, de la badinerie, du dégoisage, de la fabulation, de la jactance, du papotage. Au fait ! Une maison imaginaire ! Il y a quand même un gros avantage : À maison imaginaire, impôt imaginaire ! On dit les impôts fonciers, mais les impôts font chier, tout simplement ! Alors personne n'a de prise sur Éric-Emmanuel Schmitt. Il raconte ce qu'il veut, quand il veut, où il veut ! Ça fait un bail qu'il ne paie plus de loyer ! Au contraire ! On le paie pour venir s'installer chez nous, pour venir nous raconter des histoires dans notre lit.

Merci, Éric-Emmanuel… n'oubliez pas d'éteindre la lumière en partant. À demain soir ! Sans faute !

Michel Serrault

Papy-éprouvette

Il y a des comédiens étanches, waterproof, imperméables. Monsieur Michel Serrault, lui, quand il chante sous la pluie, il se mouille. La chemise et les os. Il est absorbant. Il est d'un naturel poreux. Il a l'air normal, comme ça, au premier abord, il est comme vous et moi, affable, croyant et souriant… et ffft ! Il vous aspire ! Il s'imbibe de vous. Il vous ingurgite par tous les pores. C'est plus des pores qu'il a, c'est des embarcadères, des jetées, derrière ce sourire, derrière ces yeux, sous cette peau de comédien, il y a des kilomètres de docks, des quais avec des containers bourrés de gestes, de mots, d'attitudes, de folies. Tout ce qu'il a avalé en trois quarts de siècle, tout ce qu'il a grappillé chez les autres, tout ce qu'il a écouté, tout ce qu'il a volé sur son chemin. Oh, c'est jamais pour consommer tout de suite ! Non, c'est pour emporter : il stocke, il emmagasine, il engrange… C'est son trésor de guerre. Avec ça, il fait ses Dominici et ses Petiot... Au moment voulu, moteur, action, il fait remonter à la surface des bribes de vous et moi, il y ajoute de sa salive, de sa sève et de son imagination, et coupez, c'est dans la boîte.

Monsieur Michel Serrault est un mammifère ruminant. Un manutentionnaire ressassant. Il n'est pas Actors' Studio, il est accumulator studieux. Il est conducteur, il se laisse traverser par le courant, le quotidien, d'une épaule à l'autre. Il est ouvert à tous les vents. Il attrape tout ce qui passe à sa portée. Il est un peu sismographe. Il est truffé de capteurs, de palpeurs, de senseurs, il décèle les vibrations, oh, il n'a pas besoin d'un tremblement de terre pour se mettre à osciller du chef, une petite secousse, un bruissement d'aile, un froncement de sourcil, un clignement d'œil, et monsieur Serrault grave sur son disque dur. Il a des gigas et des gigas de caves et de greniers dans les veines. Il est perméable, spongieux. C'est un buvard aux aguets, une éponge en embuscade, sur son piton rocheux il a une vue imprenable sur la connerie humaine, l'horreur universelle ou les merveilles de tout un chacun. Vingt-quatre heures sur vingt-quatre, il fait le pied de grue dans sa guérite, à l'affût, en faction, il est de garde, il guette, il patrouille à lui tout seul, sur le qui-vive, sur le qui-rigole, sur le qui-respire. On dit qu'il a de la bouteille, tu parles, il a de la bombonne, de la cuve, de la citerne, c'est un château d'eau, un gazoduc.

Monsieur Michel Serrault, il a bien été récipiendaire, mais c'est avant tout un récipient. Un étui à silhouettes, un coffre à battage, un filet à langage, un écrin à petites colères en argent, c'est une corbeille à pépier, un panier d'oser, un tiroir à sucrer, un carton à charlot, une boîte d'amourettes, un nécessaire à créature, une trousse à chuchotis, une armoire à grâces, un sac de courage. Monsieur Serrault fonctionne comme un moteur à deux temps. Premier temps, l'absorption, deuxième temps l'expulsion. Au moment voulu, moteur, action, il « prend sur lui », il pioche dans ses réserves, comme un animal en hibernation, sauf que lui, il est en hyper-action, il se transforme en tube à essai, en laboratoire volant, c'est papy-éprouvette, il devient chaudron, marmite, bouillotte, percolateur, bidon des sens et du bon sens, bassin d'irisation, auto-causeur, shaker, coupez, c'est dans la boîte !

Monsieur Michel Serrault fait de la récupe, du recyclage. C'est un ferrailleur. Il collectionne les vieux sommiers déglingués, les portails rouillés, les barres à mine et les rampes d'escalier en fer forgé et un demi-siècle plus tard, passés dans son atelier de fabrication, les sommiers deviennent des sourires, les portails des soupirs, les barre à mine des clins d'œil et les rampes en fer forgé deux trois mots à peine soufflés. Rien n'est prémédité, rien n'est calculé, simplement, monsieur Michel Serrault, quand il joue, laisse les portes entrebâillées, il laisse des fentes sous les portes, des trous entre les lames du parquet. Il ne se calfeutre pas, il laisse passer l'air, le souffle. Il laisse l'émotion se fourrer dans les interstices, et puis il fait un truc tout con, c'est tout bête mais il fallait y penser, parce que c'est vraiment pratique, surtout quand on est plusieurs sur un plateau, un truc élémentaire, la base, le b-a ba, le minimum syndical, quand il joue, moteur, action, monsieur Michel Serrault écoute. Il est là, présent, et il écoute, coupez.

Shirley et Dino

Ils mènent les gens à la ginguette

Nom : Shirley et Dino
Prénom : Shirley
Profession : Nunuche, godiche, cousine bête, rieuse de bonne aventure, gouailleuse-lieuse-blablateuse, Marilyn Monroe de papillote, Françoise Hardy en surchauffe,
Signe particulier : a chignon sur rue

Nom : Shirley et Dino
Prénom : Dino
Profession : dragueur italo-Maccione, titilleur de cousine, macho-lapin, crooner de casino, Alain Delon de sous-préfecture,
Signe particulier : a la banane

Nom : Shirley et Dino
Prénom : Shirley et Dino
Profession : fantaisistes, duettistes, cucut'ritionnistes, étrangélistes, cruchiverbistes, Toto-Serrault-ostrogologistes, protégistes d'enfer.

On aurait aimé dire : Shirley et Dino, ce sont des enfants de la balle et de la quille, élevés en équilibre sur le fil, envol à la roulotte et loi de la jongle, petits ils jouaient au ballon avec les otaries et passaient leurs vacances à Saint-Trapèze. Mais non, ils se sont connus à la fac de Censier, section « théâtre », acteurs de campus, tragédiens de restau U, les planches en polycops et Molière en amphithéâtre. Alors ils ont appris sur le tas, tas de Pierrot et tas d'Auguste, en faisant les music-halls buissonniers. Ce sont d'éternels apprentis artistes. Artistes ? Oui, monsieur, c'est un métier, un métier à tisser des liens...

Quinze ans qu'ils bossent, qu'ils tournent, qu'ils ajustent, qu'ils soudent, qu'ils poncent par eux-mêmes, ils estampent, ils guillochent, ils polissent, ils affinent, quinze ans qu'ils suivent leur cirque d'apprentissage. Ils ont fait des stages d'insouciance, des master class d'innocence, des cours de dérisoire, des classes préparatoires aux grandes bricoles, cocagne et hypo-cocagne, des séminaires d'imaginaire, quinze ans qu'ils font du charlot d'appartement, de la corde à chuchoter, apérophilie, delirium-training, séances de Keaton, clowns en intra-voluptueuse, Laurel et Hardy building et télé-Tati. Ils ont passé leur BTS, leur Brevet de Tsoin-tsoin Supérieur, leur DEUG de dinguerie, ils sont diplômés en clopinettes, licenciés macache nib et peau de balle, docteurs ès-broufe, desagrégés de sciences musico-faciales...

Ils vivent en autarcirque, au gré des cirquonstances, quinze ans qu'ils travaillent sur des bateaux posés sur du sable, qu'ils arborent le signe ostentatoire de leur religion : la toile ! Ce sont des utopistes de cirque, ils montent et démontent leur lieu de travail, ils ont la bosse des mâts et des haubans, la vergue haute, les câbles émouvants, les élingues qui se déglinguent, ils dorment sous des ponts lumière, à la belle toile, ils habitent rue des illusionnistes, leur numéro de Sécu est un numéro de clown, chaque soir le public est reçu sous leur coupole, ça saucissonne et ça nappe à carreaux, l'accordéon fait musette, les ballons de baudruche pètent, Shirley et Dino sont généreux et le public est gradin, ainsi flonflon les petites marionnettes.

Et tout ça pour quoi ? Pour rien ! Pour la route, pour la gloire d'un soir. Qu'on se le dise, Shirley et Dino ne servent à rien ! Ils ne réparent pas les étagères, ils ne font pas pousser les hortensias, ils ne paient pas vos impôts, ils ne font ni maigrir ni grossir, Shirley et Dino ne vont pas faire avancer la lutte contre le terrorisme :

Bush ô mon Bush
Lorsque tu alignes
Au ciel noir tes B 52
Bush ô mon Bush
Moi je m'imagine
Que ce sont des papillons bleus.

Non, Shirley et Dino c'est rien que de la foutaise, du nanan, de la broutille. Tout juste un cadeau, un cadeau pour emballer ! D'ailleurs ça n'intéresse pas le costard-cravateux de la sous-sous-direction du théâtre au sous-secrétariat d'État à la Culture des lambris, du staff et du stuc. Des subventions ? Vous plaisantez… eh bien dansez, maintenant !

Et puis un jour, Shirley et Dino ont pris leur carte du PS, le Patrick Sébastien, le plus grand cabossé du monde, et le succès est venu. Avec les emmerdes et les papara-Voici. Ils ont gardé la tête froide, ils savent ce qu'ils veulent : certains diront qu'ils mènent les gens à la guinguette, et alors ? Ils doivent gagner beaucoup d'argent, et alors ? Enfin... je me demande quand même s'ils n'ont pas des chapiteaux déposés en Suisse ! Mais on peut leur faire confiance, ils veulent limiter la fuite des chapiteaux, je crois qu'ils rêvent de réinjecter des chapiteaux en France. Il paraît qu'en vacances ils utilisent même des chapiteaux flottants, des péniches...

Chers Shirley et Dino, au mot « fantaisie », le petit Robert donne, entre autres, comme définition : chimère ! eh bien vous faites un beau métier : chiméristes !

Philippe Sollers

Ainsi parlait Kama-Sutra

Ainsi donc, avec ces *Illuminations*, le roi Sollers se lève une fois de plus sur nos petites misères ! Régulièrement, depuis plus de quarante ans, Sollers nous amène à l'Esprit comme on amène la vache au taureau. Illuminations du 14 Juillet ? Pétard mouillé ? Ou bombe à neurones ? Va-et-vient de l'esprit qui nous fourrage l'occiput, on se fait allègrement empapaouter, gare aux éclaboussures de bondieuseries, aux brûlures d'abbayes, aux chiures de mystiques ! *Illuminations*, c'est l'alpiniste, pardon, *l'alpigiste* du *Journal du Dimanche* qui part à l'assaut du sommet de l'ivresse, car si l'Éverest est népalais, l'ivresse n'est pas laide non plus ! On y croise une bande décimée de joyeux illuminés, des allumés qui ont tous un Christ au cerveau et des bleus à l'âme.

Au cœur de la cible du discours, dans l'œil du si-clown : le narrateur, le roi Sollers, en personne, prenant un bain de pieds dans des vers de Baudelaire.

Petit soldat de plume brandissant son drapeau de chagrin en hurlant aux loups : aux âmes, citoyens ! Ah, l'âme ! Confortablement installé sur son matelas de guillemets, Sollers tente de donner du ressort à l'âme. Oui, monsieur le procureur, permettez-moi un bon mot, il faut bien distraire l'assistance : l'esprit de justice, c'est l'âme de parquet ! Le lumineux phare Sollers, lampe au néon, du haut de son Parménide et des quarante siècles de ses chères études, nous contemple et semble nous dire : « Je cursus mais j'avale pas ! » Pas n'importe quoi, du moins. Et si l'un avale, l'autre, en amont, c'est Lautréamont, ou Hölderlin... ou machin chose. On a beau avoir les reins body-buildés, on passe une chiaison en enfer ! Et l'on tire la langue en piétinant sur les traces de Rimbaud, alias *joli rognon...*

La vie est labyrinthe, l'amour est la biroute, et la maison de la radio est la bir-hakeim ! On y perd son latin de messe, ses clés de sûreté, ses pédales d'embrouillage et ses plumes dans le cul-béni. À tel point que M. Robert Laffont lui-même, éditeur devant l'Éternel, croulant sous la TVA, la fameuse Tchache à la Valeur Ajoutée de Philippe Sollers, n'arrive plus à imprimer ! J'ai des preuves, monsieur le procureur ! Page 108 : on y parle de Platon, d'Aristote et, tenez-vous bien, de Pythaore. Oui, messieurs les jurés ! Pythaore, c'est imprimé ! Crime de lèse-mathématiques, Pythagore émasculé de son point g ! Le théorème de Pythaore ! Coquille de bénitier ! Il ne faudra pas s'étonner dorénavant, si l'on relève, dans les copies de nos apprentis philosophes hippo-cagneux, des perles à éviscérer une huître comme *le banquet de Platoon, le principe d'Archi-*

merde, le supplice de Cantal, les douze trav'los d'Hercule, le rocher décisif, l'épée de la dame au cleps ou les pensées de Pasqua !

Sollers, c'est un Platon-repas devant l'Athénée-vision ! Agrémenté des miettes de la pensée d'Abiscotte ! L'enfer al Dante ! Sollers, c'est Mamie Nova qui promène son caniche, son cas *Nietzsche* ! Oui, depuis longtemps, Sollers garde au commun des mortels un Nietzschéen de sa chienne ! Nietzsche, qui sous l'emprise d'un champignon halogène s'écrie sans sourciller : « La nuit est aussi un soleil ». Mais si, je vous assure, docteur ! La nuit est un soleil, comme je vous le dis ! L'air est un caillou, Dieu est une tomate et ma sœur va épouser l'archiduc d'Autriche ! Dormez tranquilles, braves gens, Friedrich Nietzsche dans sa niche veille sur nos amours, « *ich liebe dich* » ainsi parlait Kama-Sutra !

Sollers, entre Aristote et Socrate, les aristocrates de la pensée, joue aux dés, aux cartes ou au Descartes : je penche donc j'en suis ! Faites gaffe, Philippe : à trop se pencher par la fenêtre ! Comme disait le poète officiel de la SNCF, il n'y a pas si longtemps : « *do not lean out of the window, Nietzsche hinauslehnen !* » On peut même déguster les pensées Sacré-salé de Tchouang-tseu, alias le Tao-tse-toung ! Et tout ça pourquoi ? Pour traquer Jésus et son ascendant de sagesse, Dieu le très-haut, dans la décharge publique du ciel, l'ozone interdite, le jardin des bennes, le paradis du Verbe. Vous connaissez la différence entre le paradis et le paradichlorobenzène ? Le paradis est un mythe et le paradichlorobenzène est un antimite !

Le paradis ! By Philippe Stellaire ! Jésus branché sur satellite via sa parabole achetée à la bonne Samaritaine, Jésus abonné du câble et des cabales, Jésus et son site éternel : Jésus.com-back… Adam et sa première Ève-party ! Le pommier d'amour, le premier baiser à travers le Judas, avec la pomme d'Adam au fond de la glotte, pas la glotte de Lourdes, non, la glotte d'Ève ! Non, pas la glotte de Dave, d'Ève, « *all about Ève* » ! Et le serpent à sornettes, le golden boy, qui tend le fruit défendu à la petite médusée et lui dit : Ève-toi et mâche ! Le paradis du Verbe où l'on mène une vie d'ange. Plus besoin de filtre à air conditionné, de joint de cuirasse et de plaquettes de fringale ! Le jardin dédaigne, où l'on croise des chérubins, des chers rabbins, des séraphins, des séraffarins, et l'ermite Roumi sur son dromadaire d'Arabie, *ciel mon méhari* ! Le paradis du Verbe, où l'on s'en met plein l'Olympe, loin de notre monde de SRAS et de paillettes ! SRAS ? Syndrome Respiratoire Aigu Sévère ! Encore un petit effort, nous toussons au but ! Nous sommes tous des Dames aux camélias ! Cher Philippe Sollers, je crois que c'est ça : il va falloir mettre un masque pour vous lire. On ne sait jamais… la rage est contagieuse !

Bernard Soustrot

Agrégé de lèvres classiques

Le trompettiste classique, « homo cornetus pistonus symphonicus », est une sorte d'éléphant, munie d'oreilles très développées, et d'une trompe, d'où son nom : trompettiste. Au contraire de celle de l'éléphant traditionnel, la trompe du trompettiste est amovible, elle est soigneusement rangée après usage dans une petite valise, un étui à trompette, que le trompettiste ne quitte jamais. Le trompettiste est très méticuleux : il nettoie régulièrement sa trompe, avec des produits naturels, huile de piston, liquide vaisselle ou acide phosphorique.

Le trompettiste est un mammifère vivant dans les salles de concert, les hôtels quatre étoiles et dans certains studios de Radio-France. Diurne ou nocturne suivant les contrats, le trompettiste est un aérophage ruminant. Il se nourrit exclusivement d'air. De l'air ambiant, donc fatalement vicié, pollué, délétère, insalubre et pestilentiel. Cette nourriture, très malsaine, opère une sorte de sélection naturelle : seuls survivent les trompettistes dotés par la nature d'un physique de gladiateur ! Comme chez tous les ruminants, mais à des moments très précis, spécifiés par contrat et rémunérés en conséquence, le trompettiste fait remonter cet air de sa cage thoracique vers la cavité buccale. Ses joues gonflent, il devient tout rouge, on dit qu'il s'époumone. L'air est régurgité par la trompe, sortie pour l'occasion de son étui et collée à ladite cavité buccale au moyen d'organes charnus et glabres appelés *lèvres*. Notons, et c'est là la spécificité du trompettiste, que l'air, une fois sorti de la trompe, est d'une nature totalement nouvelle, comme s'il était passé au travers d'un filtre : c'est un air très pur, léger, clair, fluide et fruité, très agréable, qui semble défier les lois de la pesanteur et qui s'insinue partout, dans les cœurs, les âmes sensibles et les cages d'escalier quand le trompettiste rumine chez lui, ce qui n'est pas forcément du goût des voisins. C'est un air tellement euphorisant qu'il était parfois utilisé jadis pour réveiller des régiments de bidasses, à 6 heures du matin, en plein hiver, dans les casernes du fin fond des Ardennes, alors que les pauvres malheureux avaient crapahuté la veille, un sac de 50 kilos de caillasses sur le dos, quinze heures d'affilée en chantant : « On en a plein l'dos, plein l'sac, plein l'fond des godillots, plein l'fond du quart, des gamelles et des bidons. » La haine du trompettiste chez certains anciens trouffions vient peut-être de ce traumatisme matinal !

Le trompettiste vit en bandes durant toute son enfance et son adolescence, confinées dans des réserves insonorisées appelées conservatoires. Quand il arrive à l'âge adulte, le trompettiste est initié au cours de séances occultes, souvent très cruelles, appelées *concours*. Danses rituelles, sacrifices et flagellations expiatoires permettent au futur initié de rentrer dans le monde très fermé des trompettistes confirmés. S'il passe ces épreuves avec succès, le trompettiste se sépare de ses congénères, et vit dès lors en solitaire, on utilise aussi le mot *soliste*, rejoignant, par intermittence et par contrat, d'autres espèces animales, comme les violonistes, les pianistes ou les harpistes, au sein de troupeaux très structurés et particulièrement bruyants, dirigés par un *homo erectus* dominant appelé chef, ces troupeaux portant le nom d'*orchestres*.

Le trompettiste peut parcourir des milliers et des milliers de kilomètres, il est très recherché par les collectionneurs, et protégé par les lois internationales. La chasse au trompettiste est rigoureusement interdite. Grâce à Dieu, le créateur n'a pas muni le trompettiste de défenses, ce qui le rend, certes, très vulnérable, mais le met à l'abri des trafics. Comme il existe très peu de trompettistes femelles solitaires, le trompettiste se reproduit par voie sonore, dans des studios confortables et à l'abri des regards. En période de reproduction, très fier de son instrument, le trompettiste brandit bien haut sa trompette devant lui, tel le paon qui fait la roue. On dit alors qu'il fait la moue. Si le trompettiste veut se reproduire correctement, il est obligé de bien faire la moue. Il tord ses lèvres dans tous les sens, faisant jouer tous les muscles labiaux, du zygomatique à l'orbiculaire, en passant par le sphincter et le buccinateur : c'est la danse d'amour du trompettiste. De ces accouplements supervisés par les grands majors, naissent des petits objets ronds et brillants qu'on appelle CD et qui, reproduits à leur tour à des milliers d'exemplaires, permettent au commun des mortels d'avoir l'illusion d'élever un trompettiste chez eux, en appartement !

Cher Bernard Soustrot, j'espère que l'agrégé de *lèvres* classiques que vous êtes ne prendra pas ombrage de ce crime de lèse-trompettiste qui consiste à vous comparer, vous et vos collègues, à des éléphants ! Vous faites un beau métier d'utilité publique… et puis votre musique est éternelle, aussi vous ne risquez pas d'être rangé un jour au cimetière des trompettistes !

Bertrand Tavernier

La tête qui tourne

Il s'appelle Tavernier. Comme ça se prononce : c-i-n-é-m-a. Ses initiales : B. T. Basse Tension, c'est dire si les initiales ne veulent rien dire ! Très jeune, Bertrand Tavernier souffre d'une primo-affection aiguë pour le cinoche, qu'il soigne, déjà à l'époque, avec des génériques. De l'affection à la fiction, il n'y a qu'un pas, Tavernier a la tête qui tourne, les mains qui clapent, l'œil qui zoome, l'estomac qui mixe, le pied à l'encrier et le cœur à l'ouvrage.

Quand Tavernier n'est pas en tournage, il est entre deux films. Otage volontaire constamment tiraillé entre projet, budget, premier jet, sujet du film, objet du débat, bien jugé ou rejet de la critique. Cet homme s'est condamné lui-même aux travellings forcés, à vie. Son bagne, c'est quelques centimètres carrés de pellicule : il ne se bat pas pour les 35 heures mais pour les 35 millimètres. Il prise, il reprise, il est à cran et à écran, il s'immerge dans la scène, il apprend par la bande image, sa vie c'est déco, projo, studio et laissez-tourner ! Il habite dans le 3e arrondissement mais vit dans le septième art, tout court.

Attention, Tavernier ne fait pas du cinéma dans un fauteuil, fût-il de metteur en scène. Il franchit allègrement la ligne « machino », il est cadreur à quatre heures, enfin, à ses heures, c'est un agent de la post-production, question son il ne débande jamais, son Viagra à lui, c'est le nagra, voilà un type qui n'a pas son permis, mais qui porte le casque, Tavernier, c'est Dolby nostalgie, il soigne son écho, comme dit l'autre, il bouffe du son, ben oui, « c'est l'réal », il ne sait plus à quel synchro se vouer, il perchiste et signe ! Il dit : « Un film, c'est vingt-quatre mensonges par seconde », Tavernier est monteur comme un arracheur de plans ! Il embobine son monde, il monte des grandes illusions.

Une fois descendu des plateaux de cinoche, chez lui, dans sa grotte, autour de minuit, il redevient homme des cavernes. Il est à des années Lumière. Le voici anthropocinémathèque, hominidé à mi-chemin entre l'*homo erectus pelliculus* et l'home cinéma ! Il se shoote à l'herbe des champs et des contre-champs : il a des plans dans son salon. De la chinoise, de la pakistanaise, de l'africaine, de la thaïlandaise, de l'indienne. Il fait du VO d'appartement ! Il applique la politique de la chaise vidéo ! Une galette au laser, et hop ! Hollywood. Il visionne, il s'approvisionne. Même au repos cet homme est débordé, décidé à dévider des DVD sans débander, il fait revivre les cinéastes décédés, dégradés, démodés, cet homme n'arrête pas de décoder. C'est un calciné du ciné, il brûle les plans, il est fasciné, halluciné, mais jamais vac-ciné.

Tavernier, c'est *movie* et rien d'autre ! Un ciné permanent à l'ancienne. C'est vingt-quatre hommages par seconde : il s'enflamme à Lumet, Sydney Lumet, il roule en Ford, en Moby Dick, en 2CV Von Stroheim, dîne avec Martin, en western, il est diplômé d'Hawks-Ford, il se nourrit d'un cornet de Fritz Lang, d'Aurenche amer. Eastwood ? Oui, il est plutôt Clintoridien que virginal. Il broie du Noiret et du Renoir, c'est l'horloger de saint-polar, c'est un nanar-chiste ! Plus déconnant que capitaine, il se gave de navets : dans la moindre bobine de série B, il vous dégotera une séquence sublime de deux minutes. C'est un fureteur de grenier, un farfouilleur de musée, un déterreur de cave, exhumeur de bonne humeur, il a un petit côté Jésus-crypte, faiseur de miracles, il fait parler les films muets, il fait marcher les films paléolithiques, il guérit les films lépreux, il redonne la vue aux critiques aveugles, il marche sur les o-bjectifs, il suscite et il ressuscite. Il récupère le moindre trognon de péplum et en fait un CD-rom ! Ce type a pris le train en gare de La Ciotat, et il n'en est jamais descendu !

Cher Bertrand Tavernier, vous dites : « Je filme ce qui me fait mal », attention, avec l'âge, vous allez finir par filmer votre prostate, vos articulations, vos varices et votre colonne vertébrale... et si vous aviez des hémorroïdes ! Vous n'allez quand même pas faire des films de cul ! Vous dites aussi : « Si je ne pouvais plus tourner, j'en mourrais... », mais ce n'est pas demain la veille ! Car juste avant de mourir, c'est bien connu, on voit défiler le film de sa vie. Vous imaginez le film de votre vie, Bertrand Tavernier ? Il sera aussi long que votre vie elle-même ! Et ce sera reparti pour un tour de manivelle ! Et quand bien même ce film-là aussi arriverait au mot « fin », quand la terre aura fait sonner son dernier « clap » sur le bois du cercueil, quand les exégètes qui en jettent se précipiteront pour gloser sur les films de série T, T comme Tavernier, vous, Bertrand, comme vous l'avez fait toute votre vie, vous tournerez et retournerez dans votre tombe !

Lilian Thuram

Il y a beaucoup d'élus mais peu de Pelé...

Le talon d'Achille de Lilian Thuram, c'est son genou. Il n'a jamais eu les chevilles qui enflent, le genou, si ! À dix-sept ans et demi, il apprend, bien malgré lui, sa table d'opération sur le bout du genou. Il n'a fait ni khâgne ni hypokhâgne, mais avec ses genoux en compote, on l'inscrit d'office à cagneux et hippo-cagneux ! Un chirurgien délicat lui annonce qu'il est mou du genou, qu'il ne jouera plus jamais au football, qu'il est définitivement rayé des quadriceps ! Comme quoi les chirurgiens ne sont pas tous des extra-lucides...

Lilian Thuram, il ne faut pas lui asticoter les articulations ! L'arthrite à dix-sept ans, c'est beaucoup trop tôt pour lui ! Mis aux jarrets de rigueur pendant une année entière, il dégote un kiné permanent et s'y fait allègrement taquiner la jointure. Il fait des kilomètres et des kilomètres de marche à pied dans les couloirs du centre de formation. Il sait que dans le foot, contrairement à l'Évangile, il y a beaucoup d'élus mais peu de Pelé. Alors : boulot, ostéo, dodo ! Lilian Thuram est un rescapé de la rotule. À la force du tendon, il a transformé son talon en talent. Le 8 juillet 1998, après ses deux buts contre la Croatie, il se jette à terre, genoux en avant, hommage à ses deux rotules de direction ! Allez savoir s'il n'a pas écrit son livre sur ses genoux, s'il n'a pas dragué sa femme en lui faisant du genou, en jouant élégamment du ligament, pourquoi se tond-il régulièrement le crâne si ce n'est pour être chauve comme un genou ? En tout cas, même si Lilian Thuram ne s'est jamais cru sorti de la cuisse de Beckenbauer, que vous soyez médecin, kiné ou ostéo, n'allez pas lui titiller le genou, vous vous prendriez un coup de tibia dans les gencives !

Dans la vie, il y a les fémurs et les non-fémurs. Lilian est plutôt fémur. Il a la cheville ouvrière, le muscle jambier (Jambier, 45 rue de Poliveau !), c'est un fou de bassin, il retrousse les hanches, c'est le seigneur des abdos, né sous le signe du pectoraux, bref, il a tout pour faire une brillante carrure ! D'ailleurs les femmes ne sont pas restées insensibles à son physique stellaire ! Ah, les redoutables Italiennes ! Entre celles qui l'ont rêvé dans leur lit, la Sampdoria de Gênes, la Fiorentina, et celles qui ont gagné ses faveurs, la Chartreuse de Parme, la Juve ! On peut dire que Lilian, dépucelé par la princesse de Monaco, et toujours fidèle à la belle bleue, a fait des folies de son corps ! Totocalcio peut-être, mais osso bucco, mozzarella, chianti et tutti frutti ! Le lit est toujours du même format : c'est un 70/110, matelas en gazon, petits drapeaux aux quatre coins, 7 000 mètres carrés pour s'envoyer en l'air !

Attention, footballeur, c'est un métier ! Un boulot qu'on fait à temps plein, même si on travaille toujours à mi-temps. Un travail de terrain, de Turin, de Thuram, avec un but précis. On a un poste et il faut s'y tenir. Un métier qui dure une quinzaine d'années maximum. Footballeur, c'est un peu comme dans la couture. Au début, on est tissu d'un centre de formation. Simple tissu. Souple, résistant, étoffe de héros, peut-être, mais on est un coupon au milieu d'autres coupons. On est maladroit, on fait toile sur toile. On fait tapisserie sur le banc des remplaçants. Parfois on est mis au rebut, oh, on en a vu des chutes de tissu ! La vie c'est jamais du velours pour commencer, il faut passer à travers les mailles, ne pas se prendre les pieds dans le tapis. Il faut essayer de rester soie. Et puis, comme tous les tissus, on vous colle un patron, un entraîneur, un dirigeant, et on vous taille un costume, au format standard, suivant la mode du moment. Du prêt-à-porter le maillot. Le joueur de foot, plus il avance dans sa carrière, plus on lui colle des marques sur le maillot. C'est un homme-sandwich. Il tombe dans le panneau publicitaire. Plus un joueur est bon, plus il est marqué à la culotte. Certains publicitaires ont même les yeux plus gros que les biscoteaux : un jour on a collé sur les maillots une étoile dorée de champion du monde, et puis on en a collé une deuxième… un peu trop vite. Et l'étoile s'est vite transformée en trou noir…

Et il y a les chanceux, les talentueux, qui deviennent une grande marque. La griffe Thuram. De la haute couture. Audace et insolence. Oui, mais un joueur se démarque très vite. C'est même le destin de tout footballeur : se démarquer. Lilian Thuram, lui, n'a pas attendu pour se démarquer de ses petits camarades. Il n'y a qu'à lire son livre, Thuram répond du tacle au tacle à nos gouvernants, à la bêtise, sifflant les coups fourrés, les siffleurs de *Marseillaise*, les bâtisseurs de ghettos, les tirages de magots, dribblant les racistes de tout poil, remettant quelques vérités sur le gazon. Lilian, sur ce terrain-là tu rames, à contre-courant, mais tu finiras bien par marquer !

Philippe Torreton

C'est la faute à pas d'sens !

Cher Philippe Torreton, je trouve que vous réglez un peu vite vos comptes dans votre livre[1] : vous ironisez par exemple sur votre professeur, en troisième année de Conservatoire, M. Daniel Mesguich, qui tente de vous expliquer que le son du mot « désert » signifie désert, fait penser au désert. Et alors ? C'est pas idiot ! C'est pourtant simple ! Écoutez : désert… décomposez le son dé-zzzz-ert, « d » « éééé » « zzzz » « èèèè » « rrrrrr ». Vous n'entendez pas le balancement des deux bosses du chameau dans ce « d » : « d », « d », la lente inspiration du bédouin qui dort, la tête contre la pierre : « éééééé », et l'harmattan qui souffle : « zzzzzzz », et la lente expiration du bédouin qui dort toujours, la tête sur la pierre ; « èèèèèè », et le bruit de l'avion de Saint-Exupéry qui survole le

1. *Comme si c'était moi,* éd. du Seuil.

Sahara, très haut dans les airs ; « rrrrrr », sans compter que zzzz, ça évoque l'oazzzzis, et n'entendez-vous pas dans *oazzzis,* ces *« oizzzzzi-feuzzazzzoiffés zzzétendus sur le zzzable » ?* C'est pas du désert, ça ?

D'ailleurs, si vous remplacez le son é par i, vous obtenez *disert…* disert, c'est l'abondance, la faconde, l'élégance ! Et si vous rajoutez un s à désert, vous obtenez dessert, vous sentez dans ce *déssssert* ces tartes aux myrtilles, toute cette chantilly qui dégouline, tous ces sorbets aux cassis ! Ah, bien sûr, si vous dites « désert », comme ça, bêtement, ça n'évoque rien ! Prenez la scène IV du premier acte de *Bérénice.* Antiochus avoue son amour à Bérénice. Il raconte que Titus vient de le planter là, le laissant seul sur le champ de bataille, alors que lui, Titus, retourne à Rome avec Bérénice. Racine a écrit ces très beaux vers :

Rome vous vit, madame, arriver avec lui.
Dans l'Orient désert, quel devint mon ennui!

Oui, mais ça ne va pas du tout ! Vous dites désert, comme vous diriez chaussure, tomate ou pédale de frein. On n'entend pas le désert, on ne le sent pas, on se dit, mais de quel endroit parle-t-il ? Dans Lorient désert ? Antiochus est à Lorient, en Bretagne ! Et pourquoi le port de Lorient est-il désert ? C'est sans doute dimanche : tous les Lorientais sont allés faire de la bronzette sur la presqu'île de Quiberon, et ce pauvre Antiochus traîne comme une âme en peine le long de la rue du Port et s'ennuie comme un rat mort au fin fond du morbide Morbihan. Alors que Titus et Bérénice sont en train de manger une glace sur la piazza di Spagna à Rome ! On n'y croit pas une minute !

— Excusez-moi, monsieur, vous êt's sans dout' docker ? Je cherche en Lori-ent un bar à vin ouvert…
— C'est dimanche aujourd'hui, Lorient est désert !
— Non, monsieur ! Pas Lorient : Lori-ent est désert…
— Ben si tu veux l'savoir, vous êt's chi-ant, mon cher !

Tandis que si vous dites « Dans l'Orient d-éé-zz-èè-rrr quel devint mon ennui », là, on sent le sable brûlant, le soleil qui tape au zénith, le bédouin, l'harmattan et Saint-Exupéry, là-haut, dans son aéroplane qui transporte le courrier, peut-être même une carte postale d'un Antiochus déshérité, privé de dessert dans le désert désherbé au doux air d'azur, disant, dans une douzaine de vers désolés, son désarroi et sa misère en dissertant tel un geyser disert sur sa disette, son désamour et ses désirs aigus et aiguisés… Là, on est dans le vif du sujet ! D'ailleurs, rappelez-vous, Mesguich ne vous disait-il pas que, dans le mot *ennui,* on sentait tout l'ennui du monde ? Qu'il fallait entendre deux cent cinquante « n » de l'ennnnnnnnnnui ! Et dans « Mesguich », vous n'entendez pas ce *Mes* qui sonne comme Messerschmidt, ce *gui* comme guide suprême et ce *che* comme une hache inspirée qui vous aguiche et vous esquiche ?

Pardonnez-moi, cher Philippe Torreton. Vous faites un beau métier. Vous dites que le boulot du comédien, c'est de fabriquer du sens ! Et que la première fois qu'on aborde un grand texte de théâtre, ou un poème, il faut faire table rase de toutes les notes en bas de page, les renvois, les préfaces, les postfaces, les introductions, les rappels historiques, les remarques liminaires, les astérisques, les nota bene et les variantes dans l'édition de 1643. Plonger directement dans le texte. « Essayer de ne pas savoir », dites-vous ! Faire table rase !

Au diable les mesquins qui nous esquichent ; alors, à nos rasoirs, nos phrasoirs, nos arrosoirs et nos illusoires. Il faut raser les tables, élimer les bureaux, abraser les pupitres, shampouiner les éviers, défriser les billards, lustrer les coiffeuses, dézinguer les comptoirs, épiler les établis, dégraisser les étals, permanenter les guéridons, masser les marbres, crever les paillasses. Il est temps d'envoyer ses neurones en extravagance, ses mains dans le cambouis et de fabriquer du sens. Les comédiens, dorénavant, seront des donneurs de sens qui circuleront dans leurs roulottes marquées d'une croix rouge, ils sueront sens et eau, on organisera des transfusions de sens, des prises de sens, et toutes les représentations théâtrales finiront en bain de sens !

Cher Philippe Torreton, votre entreprise de sens risque de vite prospérer, à condition que vous trouviez des débouchés. Et les gens, en ce moment, seraient plutôt du genre bouché ! Que voulez-vous, c'est la faute à pas d'sens !

Jacques Weber

Homo misanthropus erectus

Bon appétit, Messieurs,
Ô ministres intègres, conseillers vertueux…

Non, ne craignez rien ! Je ne vais vous infliger ni la tirade des blases de Cyrano, ni celle de Ruy, Blaze aussi, mais je vous convie à un grand repas, un banquet en l'honneur de notre invité, grand bâfreur devant l'Éternel, saliveur de mots, touilleur de phrases, ripailleur d'émotions. Les tables sont mises, quelques planches posées sur des tréteaux, flanquées de rideaux rouges en guise de nappes. Poignards, épées et hallebardes servent de couvert. Au milieu des tables, de grands plateaux sur lesquels s'agitent des personnages de théâtre. Ça dégouline de sang, de larmes, ça grouille de coups fourrés, de trahison, d'amour et de guerre. Dans les fauteuils, les invités attendent les trois coups de fourchette pour se jeter sur la nourriture. C'est bourré à craquer, ça caquette au poulailler, ça se pomponne dans les baignoires, ça pionce sur les mezzanines, ça claironne à l'orchestre, ça fleurit au balcon ! Trois pour cent seulement des Français vont au spectacle vivant, mais là on a l'impression que la terre entière s'est donné le mot, on est au chaud, entre gens de bonne compagnie théâtrale ! À l'extérieur aussi ça pète, ça saigne, ça s'aime et ça s'éclate le crâne, les vies et les visages sont tuméfiés mais c'est pas du théâtre, alors c'est pas marrant, chut ! Vite, rejoignez vos places, ça va commencer !

Maître de cérémonie, M. Jacques Weber, manteau rouge d'Arlequin, costume trois pièces sans entracte, acteur, metteur en scène aux mensurations impressionnantes, deux mètres d'envergure, 250° d'ouverture, 1m95 d'altitude, 1m^2 d'assise, 17 pieds trois pouces de diamètre, 53 de pointure, 1m75 de largeur d'épaules, calibre 8,65, débit 300 mots minute, puissance sonore équivalant à une demi-rave moteur 12 chevaux ailés, trois centaures et cinq licornes, capacité thoracique 15 litres 12 sans soupape. Une bête de scène, un animal de théâtre, né pour jouer, cracheur de feu sacré, dompteur de texte, homme-abus, *homo misanthropus erectus*, 2 500 histoires au conteur, webergumène agité du bocal, miraculeux de la glotte, transcendé de la luette, saltimbanque populaire, crédit illimité ! Il a la folie bergère, le palais royal et la gaîté Montparnasse !

Jacques Weber court entre les tables, fait le maître de maison. Ici, en vieux routard du plateau repas, il propose à ses convives un menu composé des meilleures tapas du répertoire, petits morceaux d'anthologie, frichti littéraire, amuse-gueule poétique : en apéritif, deux doigts Diderot-mel, milk-shakespeare, Maïakovski pur malt. En entrée, Baudelaire de légumes, Godard à l'américaine, Artaud vinaigrette, truite Molière et son

Alceste de citron. Puis morceaux de Vian en sauce accompagné de fines tranches d'Eluard, gratin de Brecht au roquefort, Rimbaud d'agneau à la gelée de Corneille, Claudel de brochet sur un lit de Goémon Rostand, Beckett de veau à l'ancienne et, comme dessert, Musset chocolat ou bananes Flaubert, le tout arrosé d'un cépage René Chardonnay ou d'un côte de Duras servi à La Fontaine. Là, chef cuistot surtoqué, il sert du Poquelin sauce Boulgakov, Tartufflette, Escalope de Dandin, civet de Pourceaugnac, l'avarin d'agneau, marsouin malgré lui, strawberry de Scapin, bavarois gentilhomme, marmedade imaginaire, charlottes au Don Juan. Il remplit les verres de ses convives : un vieux Cyrano bianco coupé de Bergerac vingt ans d'âge !

Tout d'un coup, branle-bas de combat à la porte d'entrée, une troupe d'intermittents hirsutes veut forcer le passage en scandant « Weber avec nous ! Weber avec nous ! » Fin limier, Weber s'esquive discrètement par la petite porte, en criant : « À moi les cadets de castagne ! » En fait il y a deux portes : toilettes publiques, toilettes privées ! Weber s'apprête à rentrer dans les Toilettes publiques, on entend la voix affairée de Jean-Michel Ribes : « Occupé ! ». Et Weber se met à hurler : « Après vingt-deux ans de bons et loyaux services dans le public, on ne m'a même pas donné le Rond-p'tit coin des Champs-Élysées ! » Et il s'engouffre dans les toilettes privées, vieux théâtre à la turque, sans papier ni subvention. Le trou du souffleur bouché ! Là, sur son trône de théâtre, Weber téléphone à Huster. « Francis, le destin est contre nous : Ribes, il a un nom de relevé d'identité bancaire, pas étonnant qu'il ait des subventions ! » et il raccroche.

Mis non, Weber ne raccrochera jamais ! Il a les gants de boxe dans la tête, l'alexandrin aux pieds et les veines qui tournent à 3,8 g de music-hall dans le sang ! Alors il faudra que le rideau de fer lui écrase la nuque pour qu'il accepte de quitter la scène. Et encore ! Le sapin ? C'est quatre planches de théâtre et plein de vers à se mettre en bouche, rien que pour soi ! Alors en scène, musique, levez le rideau, lumière ! Et regardant les vers bien droit dans les lucioles, il leur dira :

Bon appétit messieurs !

Oh ! sinistres invertèbres, carnassiers vers tueurs…

Lambert Wilson

Venons-en aux fées !

Quand une personne, n'importe laquelle, je ne sais pas moi, Christophe Lambert ou Bob Wilson, travaille d'arrache-pied, d'arrache-neurone, d'arrache de dents pour se faire un métier, quand, à force d'exercices à la barre, de gammes, de répétition, de coups de règle sur les doigts, de travaux sur le tas, sur les gravats, sur les décombres, à force de patience, de douleur, et d'acharnement, cette personne apprend, au hasard et dans le désordre, c'est un exemple, la danse, le chant, la musique, la comédie, le théâtre, la mise en scène, quand elle apprend à changer de peau sans péter une durite, quand elle apprend quatre langues, quand elle apprend à faire bonne figure face à l'œil de la caméra, quand elle apprend à parler, à communiquer, à vibrer sur commande et en alexandrins, quand elle apprend à maîtriser le doute, la peur, à aiguiser l'humour, quand elle a passé des nuits et des jours à mettre le nez dans le moteur, à plonger dans le cambouis de ses neurones, à dénicher les fuites, les biais, les excuses, à se décrasser l'ego, à vidanger l'orgueil, à souffler les bougies, patiemment, une fois par an, à retendre les muscles et la courroie de transmission, à nettoyer sa carrosserie sur laquelle on n'arrête pas de coller des étiquettes, de graffiter des sentences imparables, et quand on veut résumer d'un revers de phrase ces heures d'apprentissage accumulées, ces hectolitres de sueur, ces tonnes de copeaux de vie rabotée, on dit joliment, au sujet de cette personne, que *les fées se sont penchées sur son berceau.*

Autrement dit, la personne en question n'en a pas fichu une rame, elle s'est contentée de babiller dans son couffin, de réclamer son lolo, et d'attendre que le génie lui soit livré sur l'oreiller et bien sûr ça n'a pas manqué, les fées ont débarqué à la queu-leu-leu, avec leur or 18 carafes, leur encensement et leur mirobolances, avec leurs paniers à pique-nique bourrés à craquer, leurs baguettes magiques, leurs étoiles d'apparat, leur grande chevelure ondulée et leurs tulles en tutu sur la tête, elles se sont penchées au-dessus du lardon croupissant dans son landau compressor cinq portes, sellerie tissu bleu jaspe, airbags latéraux biberon six cylindres climatisation lève-glace électrique, bavoir réglable et les fées ont déversé sur le nourrisson leurs tombereaux de dons en tout genre, grâces, facilités, qualités, talents, comme on déverse une poubelle au dessus du parapet d'un pont, pour ne pas aller à la décharge du coin, on n'a pas que ça à faire, y a encore 250 000 chiards à livrer, rien que du beau linge, de la belle engeance d'artiste triée sur le volet.

Ah, elles ont bon dos, les fées ! Les fées qui se penchent sur les berceaux, c'est comme les anges qui passent, les muses qu'on taquine, les chérubins qui décochent des flèches, le démon de midi, c'est fait pour embellir, pour faire cossu, ça fait oublier la sueur. Moi je voudrais voir la gueule du bébé quand la fée débarque à l'improviste, qu'elle s'appelle Georges Carabosse, en costume d'Harpagon, qu'elle n'a plus de cheveux sur le caillou, on dirait une chauve-sourire, qu'elle a une grosse main pleine de doigts à la place de la baguette magique, et un brevet de metteur en scène assermenté, un dossier de presse en béton, un cœur et un ego gros comme le théâtre de Chaillot.

Moi j'aimerais bien voir la dégaine des fées qui se sont prétendument penchées sur certains berceaux. Les fées penchées sur le berceau du petit Marcel Bigeard, avec leurs baguettes de tambour, leurs cinq étoiles de général, leurs cheveux en brosse, et leurs robes kaki de camouflage. Les fées grassouillettes penchées sur le berceau de Maïté, moitié sorcières, moitié maîtresses-queue, avec leurs blanquettes magiques, leurs étoiles super mamie nova, leurs tabliers et leurs paillasses de cuisine. Les fées qui se penchent sur les berceaux de nos petits bouts d'amour, avec leurs bouclettes magiques, leurs comètes de Halley et leurs robes d'enfant de chœur. Les fées du logis avec leurs étoiles qui brillent comme un sou neuf, leur fichu sur la tête, leur manche à balai et leur tulle vichy, qui se penchent sur des milliards de petits berceaux roses de blanches neiges éternelles. Les fées qui se sont penchées sur le berceau du petit Grégory, avec leurs baguettes en noyer, leurs robes en cordes, et leurs étoiles mortes, elles ont dû juste avant s'arrêter au bar du coin, s'arsouiller à l'absinthe, se faire jeter de l'ANPE des fées, se faire cabosser par des anges de caniveau.

Les fées en larmes qui s'épanchent sur les berceaux, les fées débutantes qui ont tout juste passé leur première étoile et qui n'osent pas se pencher sur le berceau du petit, elles ont le vertige, elles vont dégobiller, tant pis, le petit n'aura que des vomissures de destin, des rognures de fortune, une gerbe d'étoiles, les fées borgnes, éclopées, en lambeaux, cabossées, les fées en cavale, les fées glacées avec leurs étoiles polaires, la fée-sorcière déguisée en crabe, et son étoile de la consternation du cancer, qui ne se penche que sur des berceaux d'hôpitaux, les fées blessent, parfois.

Les fées se penchent sur les berceaux, jamais sur les tombes. On devrait mettre une pancarte près des bébés : « Défense de se pencher sur les berceaux ». Cher Lambert Wilson, pardonnez-moi, je n'ai rien d'une fée, mais je n'ai pas voulu me pencher sur votre cas. Y en a tellement qui s'en sont chargés, ça vous fera des vacances ! Et puis au lieu de se pencher sur votre berceau, pendant votre sommeil, les gens feraient mieux d'aller se pencher sur votre nuit américaine, un bébé qui fait tanguer son berceau sur du Gershwin, ça doit dépoter !

Rika Zaraï

Cette femme est un origan !

Le 9 novembre 1969, les 36 chevaux de la Lincoln de Rika Zaraï s'emballent, sautent un parapet et Rika est victime d'une très grave collision contre un mur de pierre. Les secouristes arrivés sur les lieux ramassent un petit tas de terre et d'os, un mélange de boue, de vertèbres broyées et d'herbes mouillées. Ils mettent le tout dans un pot, enterrement en seconde classe, y plantent une étiquette avec un nom inscrit : Rika Zaraï, et disent à ses proches, pour les rassurer : « Rika, elle a du pot, elle peut s'en sortir, elle verra peut-être encore le soleil, elle continuera, on l'espère, à respirer du bon air, mais, quoi qu'il arrive, elle restera plantée là, elle fera le poireau au fond de ce pot, jusqu'à la fin des haricots. Une vie végétative, en somme ! »

Durant six jours, on arrose abondamment Rika. Les médecins guettent désespérément la terre lisse à la surface. Ils n'y croient pas. Il y a bien une petite tige, un cotylédon jaunâtre qui sort, au septième jour, on s'empresse de lui mettre un tuteur, un corset, une minerve, des béquilles, des semelles orthopédiques et une attelle, on le met sous cloche, en zone stérilisée. Les sommités phytothérapeutes, tomatologues, patatologues, auberginologues, tournent autour du pot, se font du souci, du mouron et des mirabilis, on prépare les chrysanthèmes, on fait brûler un cierge dans les basilics, on l'asperge de vinaigrette, on s'apprête à pendre la trémière, à pousser Rika dans les orties. La presse qui ne s'occupe jamais de ses oignons, les scribouilleurs de feuilles de choux, parlent de l'immortelle Rika tombée dans les pommes. Ils ont déjà les titres : « Rika au ras des pâquerettes », « Rika se met aux pissenlits », « L'encéphalogramme de Rika est une platebande », « Rika s'est plantée, ellébore du gouffre », « Rika, les carottes sont cuites ! », « Rika range les cycles, amen ! », « Rika rejoint ses glaïeuls », la vie de Rika ne tient qu'à un chloro-fil.

Son mari s'empresse de l'emmener pour la mettre à l'abri de tous ces paparasites avec leurs appareils phyto, ces pucerons de laboratoires, ces grosses légumes, ces col-chiques sirupeux qui menthe comme ils respirent, avec leurs engrais chimiques, leurs ultraviolettes et leur pavot de famille. Tous ces crocus qui fument du bulbe, qui la tiennent dans leurs serres, lui font de l'ombre et l'étouffent. Au milieu des siens, retrouvant ses vraies racines, ses rêves de jonquille, Rika pousse. Il est vrai qu'elle croît dur comme fertile et, plus elle croît, plus elle pousse. Elle donne de la voix, à grands coups de « houx » et d'« ail », les œillets grands ouverts, tous nénuphars allumés !

Sereine, elle adopte la position du lotus, lotus et bouche décousue ! Pour se motiver, elle se fout elle-même des giroflées. Elle se dit qu'elle a de la verveine d'être encore en vie, que le thym roule pour elle, elle n'a aucune envie de rester toute sa vie une camomille entourée de bandelettes, elle fait confiance au miel.

Petit à petit, grâce à un régime très pointilleul, un vrai travail artisanal, la sève réglisse en elle, elle sent qu'elle remonte la plante : de rampante, elle devient grimpante, puis arborescente, presque grasse, toujours verte, et surtout vivace et très cultivée ! Une chose est sûre : jamais le doute ne l'effleure. Et un beau jour, les feuilles de chou ne peuvent que titrer : « Rika Zaraï dépote ! » Rika sort de son pot roulant, de sa chaise à pelleteur, elle marche comme sur des ciboulettes ! Elle a retrouvé ses végétations, sort des refrains de ses cardons et, plus que jamais, elle chante. Cette femme est un origan ! Elle ressuscite l'admiration ! Oh ! elle ne se monte pas le bourgeon, elle garde l'herbier sur terre ! Rika Zaraï sait d'où elle vient : de la-bas, de l'autre côté de la mer, la terre jacinthe !

Quand on lui demande son secret, son jardin secret, elle se plante bien droit, vous regarde au fond de l'iris et répond : « Germe la vie ! » Et on dirait qu'elle rajoute : prenez de la graine ! Finie la Lincoln, elle roule dorénavant en safran ! Elle écrit des bouquins sur les plantes, des bouquinsvillées, qui lui rapportent un peu d'oseille, juste retour des choses. Les pharmaciens l'attaquent, elle s'en fout : elle a failli rester toute sa vie une pharmassise, alors elle se défoule ! Elle met du piment dans son existence et fait un tabac ! Chère Rika, permettez-moi de boire à votre santé. Je sors l'endive bouteille et je lève mon verre d'épinard : vous avez peut-être eu du pot, mais on n'est pas près de vous enterrer !

Sarah Abitbol et Stéphane Bernadis

Un couple parfait glacé

Avant tout, je tiens à répondre définitivement à la question que tout le monde se pose : « Pourquoi y a-t-il tant de champions de patin à glaces russes ? » Non, ne cherchez pas, ce n'est dû ni à la lutte des glaces, ni aux glaces laborieuses... C'est tout simplement parce que les champions de patins à *roulettes russes* meurent très vite.

Qu'on se le dise, Sarah Abitbol et Stéphane Bernadis sont en vacances. Le patinage est le seul corps de métier où l'on part en vacances en devenant professionnel ! En vacances, mais ce n'est pas encore la sortie des glaces ! C'est même Holiday on ice ! Sarah et Stéphane continuent à s'envoyer en l'air sur le verglas, mais ce n'est plus pour amadouer les juges, pour souffler la première place à leurs petits camarades de glace, c'est pour la beauté du geste ! Le patinage est enfin artistique ! Fini le stress, ne restent que les paillettes. Fini la compétition qui soulève parfois un vent glacial de soupçons, accompagné de tourmentes médiatiques, une sorte de manie blizzard dans le monde du patinage. Blizzard, j'ai dit blizzard ? Comme c'est blizzard.

Fini les essuie-glaces obligatoires, fini le tribunal des flagrants débris, la haute cour de juste glisse, les membres du parquet vitrifié, le tribunal de grande inconsistance, finies les mines surgelées du surgé, fini le patinage arithmétique, les barèmes, les dixièmes de points, fini les figures implosées, les flips flippants, les spirales de la mort sur commande, fini les juges de l'application des pelles, pelles à tarte et tartes patin, ces triples sots juchés sur des échelles de notes, fini les chutes libres ou imposées, les gamelles partagées à deux, fini les bûches glacées, les gadins, les ratés, les chassés écrasés, les pains vrillés, fini les bleus au coccyx et les compotes de chevilles.

Sarah et Stéphane continuent à écrire sur du papier glacé, mais ils n'écrivent plus sous la dictée, c'est juste pour le plaisir de la rime, de la belle envolée lyrique, du style chaloupé. Ils continuent à aller à l'axel plusieurs fois pas jour, mais ils ne le font pas sous la menace ! Les seules notes après lesquelles ils courent sont les notes de musique ! Car ils ont enfin un vrai métier, un métier à glisser, ils encroisent, ils peignent, ils ourdissent. Leurs médailles ne seront plus désormais qu'en chocolat !

Sarah et Stéphane évoluent depuis dix ans dans la catégorie couples. Dans la vie et sur la glace. Stéphane a enterré sa vie de glaçon avec une patineuse ! Un couple parfait. Parfait glacé. Il paraît même qu'on se passe sous le manteau des cassates vidéo de leurs exploits conjugaux ! Sur la glace, il n'y a pas de mystère, c'est le travail qui paie ! Bien sûr, un couple patine toujours un peu au démarrage, puis, dans le feu de l'action, la glace fond, et avec les patins, on a du mal à retenir ses lames, lames de bonheur, parfois lames de désespoir. Il faut avoir les lames bien chevillées au corps quand, au détour d'un « triple boucle piqué », le tendon vous pète à la figure !

Sarah, comme Achille, a le pied léger, mais le tendon d'Achille du patineur est son talon d'Achille. Achille, vainqueur de Troie est nul en triple saut ! C'est à y perdre son patin ! Sarah et Stéphane ont un compte commun, un compte en banquise, ils ont installé une patinoire dans leur salon, ils ont passé leur bac à glaces à quinze ans, et ont chacun un diplôme d'artisan touneur-freezer. Comme leurs congères et congénères, ils sont un peu frappés, givrés, et patincouffin. Mais comme tous les adultes restés un peu enfants, le soir, quand le marchand de glaces est passé, ils s'endorment sur leurs lauriers, et rêvent de gelées de groseilles, de pêches melba et de banana-split !

Dans le couple Sarah et Stéphane, c'est Stéphane qui porte la calotte, la calotte glaciaire. Stéphane porte Sarah à bout de bras, il la lance, il la jette, il la fait tourner en bourrique, il la rattrape, il la renvoie en l'air. Sarah, c'est une enfant de la balle, et on a un peu l'impression que Stéphane joue avec elle au jokari. Pour être plus légère, Sarah se fait toute petite, tout juste mille cinq cents millimètres de grâce, à peine quarante mille petits grammes d'audace, c'est Stéphane qui lui donne des ailes, et qui l'envoie parfois dans les spasmes. Oui, on peut avoir le hoquet sur glace ! On dit qu'on prend de la patine avec l'âge, mais les patineurs, eux, plus ils prennent de l'âge moins ils patinent.

Chère Sarah, cher Stéphane, je ne vous souhaite qu'une chose, que le temps glisse sur vous, comme vous glissez sur la glace. Quoi qu'il arrive, l'important, dans la vie, c'est de pouvoir chaque matin se regarder bien droit, dans la glace, et là, vous êtes à la première place !

Antoine

Le navigateur salutaire

Avant de commencer, je tiens à signaler que pour mener à bien cette chronique en solitaire et sans assistance, dans de bonnes conditions, compte tenu des maigres émoluments que nous concède le service public, j'ai été obligé de faire appel à un sponsor. Quand les temps sont durs, il faut tenter de trouver un modus Vivendi Universal… J'ai personnellement demandé à Jacques Vabre une aide financière importante, en contrepartie, je suis obligé de citer discrètement le nom de la marque, merci pour votre aide, cher Jacques, je vous en serai éternellement redevabre…

Si je peux aujourd'hui rendre hommage à Antoine, à l'occasion de la journée Transat Jacques Vabre, c'est qu'il est le seul marin qui garde les pieds sur terre, en toute circonstance. Antoine est disponible ! Il faut croire qu'il est insolvabre dans le café ! Tous ses collègues océanophiles mettent une dernière main à la pataugeoire, ces gens-là ne sont bien que sur la mer ferme, demain ils la prennent, da mer, sauvagement, *ex vabrupto*, dans toutes les positions, tout ça c'est des histoires d'écume, ils se barrent, ils vont enfin pousser leur roof de satisfaction, Antoine, lui, reste à quai, faut pas déconner non plus, prendre la mer à un mois du salon nautique, c'est de la folie pure et simple ! Je dirais même : c'est inconcevabre !

Antoine est notre Loïck pépèron, notre Ellen Mac azur, notre Michel Desjoyeux lurons, notre Laurent brouillon, notre Franck Kamasoutra. C'est le contraire d'un coureur de fond marin, il est le plus plan-plan de nos navigateurs. C'est un navigateur salutaire, il monte dans un bateau pour se déplacer sur l'eau, pour aller bêtement d'une île à une autre, à la vitesse d'une croisière. Il est plutôt terre-à-terre, comme marin ! Au moindre pet de travers de Neptune, il ne téléphone pas en pleine mer à une équipe de cinquante ingénieurs diplômés en météorologie scotchés sur des écrans d'ordinateur dans un bureau à New York, pour savoir s'il faut pousser son bateau à bâbord ou à tribord. Au moindre grain, il ne s'affole pas, il affale les voiles et s'affale dans la cabine en attendant que ça se passe. Si j'osais, je dirais que, dans la catégorie varbre fruitier, Antoine est plus vabri côtier que noyer.

Il n'est pas de ces fous du voguant, ces embarcadors, ces pilotes de ligne de flottaison, ces héros des mers, cyclonistes professionnels, porteurs de balises, chevaliers du zodiaque, qui roulent en TGV en trimarant comme des malades, entre GPS, VHS et iridium, lui roule en train corail, dans des lagons de première classe, ses rouleaux sont de printemps, sa houle sentimentale, et ses bourrasques sont des bises. Ses collègues nourris au grain, fumeurs de coup de tabac, joueurs de tempête n'ont pas une plage de temps libre, lui passe son temps libre sur la plage, eux rêvent de décrocher la palme, lui d'accrocher son hamac au palmier, leurs bateaux ont des noms imbuvabres, ils s'appellent Banque Populaire, Banque Covefi, Bonduelle ou Groupama, celui d'Antoine aurait pu s'appeler Cannelle, il s'appelle Banana-split. Deux bananes en guise de coques, un mât en chocolat et des voiles en crème chantilly. Son Banana-split est un simple catapoilant, et de surcroît… increvabre !

Ils prennent le large, Antoine se tient les côtes. Ils ont des fusées de détresse, il a des feux d'artifice. Ils courent après les records de traversée, lui court après le record de la plus belle île du monde, laquelle, c'est bien connu, est introuvabre ! Antoine a une araignée de mer dans le plafond. Dans la marine, il a le grade de capitaine de crevette. Son paradis est bien terrestre, du rhum Charrette, du sucre roux, des citrons, de la vanille, c'est sa route du rhum arrangé. Un havane aux lèvres sans équipage, c'est sa solitaire du cigarillo. Un cocktail à base de Martinique dry, avec une paille et deux petits icebergs, c'est sa coupe de l'Americano. Des soirées où l'on refait le monde entre amis, c'est son trophée Jules Baliverne. Un bon transat et un sachet de surimi, c'est son transat Jacques Crabe ! Sans oublier l'adage bien connu : qui veut voyager loin ménage ses montures. Alors, régulièrement, pour faire le plein de rations de survie, un petit spot Atoll, c'est son Vendée Globe oculaire.

Ils font une fois par an leurs courses autour du monde, Antoine fait ses courses, une fois par an, au salon nautique ! Il achète de quoi décorer ses show-biz à fleurs : des gousses de gouvernail, du romarin pêcheur, des anémones de mer, des jonquilles de bateau, du safran, des nénuphars antibrouillard, des tourneboussoles pour son multicoquelicot, des iris et des focus pour les photos, un peu d'origan déchaîné, et quelques vagues qui aspergent.

Cher Antoine, vous êtes atteint, on le sait, de cette terrible maladie, le cancer des tropiques ! Vous essayez bien des injections d'insulaire à haute dose, mais vous êtes incuvabre. Dans un mois, vous retournerez en cure de thalasso, n'oubliez pas de fermer la porte du salon en partant !

Jean-Louis Aubert

Un chanteur de terrain vague

Moi je ne le connais pas, Jean-Louis Aubert, mais je le sens comme ça : un chanteur de terrain vague. Il est assis sur un tas de cailloux, il y a plein de parpaings autour, posés dans la boue pour les gamins du quartier qui viennent l'écouter, avec un brasero au milieu et un feu de guitares pour se réchauffer. Aubert c'est le demi-frère de Barbara, un aiglon noir avec un diamant bleu dans les viscères, un oiseau mazooté, un singe, un clown, un coureur de 110 mètres rêves, un émotif rétif et, pour les bons motifs, un mystique en jean et baskets. Le jean et les baskets ce sont les haillons du futur cinquantenaire.

Aubert, c'est un citoyen d'un autre monde, sans papiers d'identité, un cracheur de feu en zone de rétention, un hydravion garé en bout de mer. À chaque concert, il se vide les poches qu'il a sous les yeux et les rêves qu'il a dans les poumons, des hectolitres de sueur. La musique et un peu de sa vérité transpirent.

La guitare crisse, la voix racle et renâcle. Dans Aubert, il y a « aube », alors il revient quand même, tu verras, il se lève encore, idéaliste invétéré, qui se verrait bien résistant. C'est un bélier rebelle. Un bélier, ça tape la tête contre les murs, pour les écarter et, comme il faut bien érafler un peu les règlements bornés, il s'est fait parrain d'un sans-papiers.

Aubert, c'est une goutte d'eau dans un océan, mais, si t'enlèves la goutte, ça fait comme un trou dans l'océan. C'est un bonhomme valise qui voyage en barge. C'est un gribouillis dans la marge, un colis en surcharge, c'est de l'excédent passé en douce. Il se drogue à l'humain. C'est un diseur de bonne aventure qui lit l'avenir dans les lignes de l'humain, qui se tord l'humain de désespoir, attention, fragile ! C'est une coquille posée sur l'eau, bringuebalée sur l'écume, au bon vouloir du vent, un paumé de l'amour, c'est **un** fille, **une** garçon, avec des chansons à fleur d'os, un demi-jeune, un demi-vieux, chanteur pour mômes et pour mamies, un fils de sous-préfet, un fils des Who, fils de Zeppelin, père d'un Arthur et grand-père d'une Loulou.

Aubert, c'est une maison sans fondation, un préfabriqué posé sur la planète sans permis de construire, c'est juste pendant la durée des travaux, ça fait tache dans les beaux quartiers, c'est terrible ce bruit ! Aubert, c'est un ange avec des ailes d'exocet, un ange à la frange, qui gamberge, qui dit « mon ange » à son *alter ego*. Il pète des câbles avec l'innocence d'un ouvrier non qualifié. Pourtant il est bien sur ses jambes. Mais ce ne sont pas des jambes, ce sont deux téléphones : ce type marche sur des téléphones, ça le fait tenir droit. Il a de la chance, Aubert : son enfance est dans l'annuaire, alors de temps en temps, quand il ne voit plus ses pieds, il fait le numéro, et ça sonne jamais occupé !

Aubert, c'est un archéologue de la guitare. On dirait qu'il y fait des fouilles dans sa gratte, pour trouver du son. C'est un fouineur d'accords, éternel débutant, c'est pas Mozart, non, c'est pas Mozart, et c'est pas la Bartoli non plus ! Il a une voix posée sur du gravier. C'est rien qu'un conteur, qui cherche ses mots, un dico, c'est *Le Petit Aubert*, un dico grand ouvert à la page des avions, un guetteur qui badigeonne ses partitions d'intuition, c'est un timide pugnace qui se soigne avec des watts et du gros son, qui met sa douceur en décibels, et sa douleur en noires et blanches, il a le cœur acoustique, et l'humilité rock, c'est un poêle à chardons, un marchand en brûlant qui a installé sa boutique au bord de la scène, un pourvoyeur d'envies, c'est pour manger sur place ? oui, mais c'est aussi pour emporter, c'est possible ? Emballé, c'est pesé !

Aubert, il n'est pas formaté. En pain il est plus bâtard que baguette. Il aime le pas fini, la bidouille, le bout de Scotch, le fil dénudé, le lambeau de plâtre qui pend au plafond, plâtre et ciment. Un jour il est allé passer son brevet de viking chez des Jamaïcains suédois techno-grates. C'est bien Aubert, ça, dénicher des jamaïcains à Stockholm ! Débusquer le feu sous la glace. Ce type est un trafiquant de notes, un passeur de mots, il aime pas trop l'intelligence, le genre d'intelligence qui fait penser avant de sentir, ça fait cossu mais ça ne colle pas toujours à l'émotion.

Aubert, pour faire monter les feux en neige, il a son batteur perso, Richard, c'est son batteur à lui (c'est rigolo parce qu'à la grande époque des quatre abonnés du combiné, on devait dire : Richard, c'est leur batteur à eux...) Aubert, c'est un franc-tireur, un évolutif, un solitaire dans la multitude, un chansonnier d'Emmaüs, un braconnier de la rime, il carbure à l'instinct, il carbure à l'instant, c'est un naïf électrique, un ancien dissipé, un enfant désapé, c'est un pirate du net, un corsaire de l'honnête. Aubert, c'est un vagabond, un sans asile fixe, un traîne-savoir. Il fait la manche mais pas les manchettes des journaux.

Non, moi, je ne le connais pas Aubert. Mais chez moi, dans la boîte à pharmacie, je laisse toujours traîner des CD de Jean-Louis Aubert, on ne sait jamais ! Un jour où on manque de vitamine. Et puis mes gamins, ça leur mettra de l'iode dans les oreilles, de l'écume dans les oreillettes, pensez... un chanteur de terrain vague !

Charles Aznavour

Merci, madame la vie !

Au temps des avant, comme vous dites, cher Charles Aznavour, on ne vous recevait pas, ni à la télé ni à la radio, vous étiez trop petit, trop laid, vous tapiez du piano comme un marteau-piqueur, vos chansons n'étaient pas populaires, et vous aviez un nez trop grand ! Vous aviez même un voile au palais, que dis-je, un voile, une toile, une bâche, une dalle en béton ! Oui mais voilà, une dalle en béton qui écrit *J'ai tant d'amour à fleur de peau*, moi j'en veux bien une dans ma maison. Alors on s'en veut un peu que les fous du roi de l'époque ne vous aient pas fait la fête !

Aznavour, c'était le gringalet de notre Théâtre du petit monde, c'était le mouton noir de la chanson française, il n'entrait pas dans les cases, il avait un piano bleu et personne n'en voulait. Il faut dire qu'il ne payait pas de mine, il chantait sous sa douche et la douche était sur le palier. Il marchait à pied ou à roulettes, roulant des patins au macadam entre Pigalle et les Champs-Élysées. Il regardait passer les cabriolets ; lui, il roulait en Cab Calloway, ça cahotait, ça swinguait, mais ça ne faisait pas cossu. Ça bouchait tout juste des trous dans les cabarets. Entre deux effeuillages de plumes, lui, venait tester la sienne. Et s'il jouait aux échecs, c'étaient pas toujours des petits pions en bois ! C'était un émigré, tu vois, déjà mi et ré, mais il ne rentrait pas dans les cases, il débordait de la mesure, il brûlait les pauses. Et qui ne s'est-il pas mis à dos ? Et do et mi...

Vous-même ne parlez pas de votre naissance, vous parlez de votre *déventrissage.* « Tu vas sortir de là, mon vieux, t'es en France, tu pèses 3,6 kilos, on trouve ça carrément prétentieux pour un émigré, alors la ramène pas ! Tes parents sont fauchés, ils parlent pas français, t'as de la chance d'être encore vivant, débrouille-toi, et n'attends pas qu'on te fasse des cadeaux, et fa, et do ! » Aznavour était d'un naturel plutôt enroué, il s'est même trouvé un laryngologue pour lui annoncer qu'il ne vibrait que d'une corde ! Ce qui revenait à peu près à l'époque à traiter Alain Mimoun d'unijambiste ! Pourtant Aznavour, c'était un échanson, servant, dans des vers à huit pieds, du jus de la ligne. Comme la Madelon il nous servait à croire, il laissait traîner des ardoises de notes partout, bohème et poème faisaient bon ménage, il rongeait ses refrains, il vivait seul mais en couplet, il courait le cacheton et les jolies filles. Il écrivait, comme une horloge, des mots de précision, des mots rouages, des mots ressorts, des mots aiguilles. Il lançait des missiles sol-sol dièse, et mi et si, l'émotion la ronde, avec trois fadaises et quatre babioles à la clé, les blanches ou les noires valsaient pareil, il prenait des triolets chauds au petit déjeuner, faisait chanter les silences et les soupirs. Mais non ! Pas question de lui donner le Bon Dieu sans audition. Le Juif, là, Aznavourstein, enfin, le Russe, Aznavourovitch, oui, le Marocain, Aznabenvouri enfin, bref, l'Arménien, Aznavourian, c'est à vous, chantez-nous quelque chose !

Et Aznavour chantait, c'était son job, son gagne-pain, fallait glaner le contrat, c'était son boulot, fallait faire boulotter la fa-mille et fa, et mi... Mais on ne l'aurait pas sur la longueur : Aznavour, c'était un chanteur de fond, une sorte de Michel jazzy. Un jour il est tombé sur un oiseau de la rue, un Piaf qui lui a laissé squatter un coin de son nid. Ils ont traversé la mer avec d'autres volatiles amis et la, et mi, il a fallu qu'il aille voir ailleurs si on le regardait toujours de travers, pour qu'on commence à s'intéresser à lui. Aznavour, il a fabriqué des talonnettes au succès, il rajoutait couche après couche, et le succès a fini par grandir. Petit, Charles, mais en haut de l'affiche. De l'atelier de débutant, où il fabriquait ses rimes à la main, maniant la paire de césures et le dico, au Carnegie Hall. Un grand pas pour enjamber les petites vagues du métier, les petits ragots de professionnels de la profession, les petites rancœurs du show-biz. Il avait été tailleur sur mesure pour chanteurs sans chansons, il avait brodé des kilomètres de dentelle de notes, et maintenant il Broadway à pleins poumons. Les ovations faisaient enfin partie de son standing. Et ceux qui étaient restés à quai faisaient mine de s'extasier : qui est ce monsieur à côté de Liza Minnelli ? Charles Aznavour ? Il est français ? Quel talent ! Et là, mais si ! les bouquets d'hypocrites sont arrivés, des télékilogrammes de courbettes et des tombereaux de cirage pour ses pompes. Et le grand, grand monsieur, à côté de Liza Minnelli, n'a toujours eu que quatre mots à la bouche pour leur clouer le bec : « Merci, madame la vie ! ».

Les rois sont nus, Monsieur Charles Aznavour, et le bouffon bafouille, il fait du vent avec son crayon, Chopin de grand bazar rivé à son clavier azertyuiop, mais, comme vous dites : « Le style, la manière d'écrire valent-ils mieux que ce que l'on a à dire ? ». Alors rideau ! Et un seul rappel pour vous dire là : merci. Et la, et si…

Édouard Baer

La Joconde de la faconde

Parmi les ex-vilains petits Canal, Édouard Baer fait l'unanimité. On s'arrache son bagou, on le copie déjà, tout le monde veut le Baer et l'argent du Baer ! Confortablement niché au creux de l'estime des grands anciens, Michel Serrault ou Jean Rochefort, il va son chemin, tel l'« aquoiboniste » de Gainsbourg, et nous, apprentis rêveurs, accrochés au bonheur comme aux premiers aéroplanes qui s'écrasaient en bout de piste, on se repose sur son aérienne inaptitude à fouler le pavé grisâtre du sérieux, le macadam graisseux de l'ordinaire, il fait office de coussin Baer. Et il reste la délicatesse personnifiée !

Vous êtes une fée, Édouard Baer. Vous : « Rien de ce qui est lié à Ardisson ne me sied. » Si c'est pas de la délicatesse, ça ! Vous êtes un poète, Édouard Baer. Vous auriez pu dire : « Je ne peux pas saquer Ardisson, c'est un gros con, et tout ce qu'il touche, c'est de la merde. » Non, vous dites : « Rien de ce qui est lié à

Ardisson ne me sied. » Ça veut dire la même chose, mais c'est de la dentelle ! Vous êtes ce genre de type, c'est pas fréquent, à utiliser le verbe seoir. En homme de spectacle, vous êtes un homme du seoir. La séance et la bienséance. Vous avez l'art de dire des vacheries avec grâce et sourire !

Vous êtes un séducteur, Édouard. Votre langue veut aguicher, elle veut séduire. Alors vous lui mettez des dessous en dentelle ! Une envolée d'Édouard Baer, c'est un défilé de lingerie sexy. Pas de la langue cossarde, lieux communs en haillons, grosses culottes en coton et images pieuses, non, de la langue en cuissardes, du corset, rien que de l'article de luxe, de la belle ouvrage, des mots en combinaison vaporeuse, des verbes en body transparent, des adjectifs bien formés en soutien-barge brodé, des métaphores en guêpière, de la gaine de beau langage avec collier de perles, les alexandrins glissent leurs iambes dans des bas Nylon et leurs pieds dans des hauts talons, ça badine, ça baratine, ça marivaude, ça peut même aller parfois jusqu'à la partouze verbale, quand après quelques vers bien sonnets, les parenthèses et les guillemets s'ouvrent, les mots se découvrent, les apostrophes s'envoient en l'air, les cédilles roulent sous la table, les consonnes mouillent, les voyelles se dévoilent, ça suinte du fond de la glotte, la luette s'enhardit, les glandes salivent, les papilles gustatent, les lèvres tendent leurs sphincters, les zygomatiques bandent outrageusement, la verve s'érige, la bouche bée, la gorge se déploie, le larynx juke-boxe et là, dans un flot de paroles insensées, au diable les cache-textes, les métaphores se dénudent, les chiasmes font sauter leurs caracos, les hyperboles leurs porte-jarretelles, les apocopes leurs collants, les homonymes font leur coming out, et c'est un feu d'artifice, satire, phrases bien léchées, improvisation, rictus ininterrumptus, ça calembourre dans les coins, ça contrepète dans la soie, flots de paroles, saillies, les mots polysèment à tout vent, ça se lâche dans toutes les prépositions, ça se chevauche, comme aux plus belles heures du fou du roi, sarcasme, pléonasme, orgasme, c'est de la folie douce, on se croirait à l'hôpital syntagme !

Édouard Baer est un puits de mots, c'est une source intarissable d'incongruités, une sorte de tout-à-l'engouement, un jacuzzi de la causerie, une centrifugeuse à blablate, un tailleur de bavettes ! Édouard Baer, c'est la Joconde de la faconde, le Caravage de l'abattage, l'Abel Gance de l'éloquence ! L'esprit en bandoulière, il lance les phrases comme des bulles, avec sa grammaire qu'on voit danser le long des strophes claires... Mais qu'on ne s'y trompe pas, sous ce geyser disert, cette fontaine de jactance, comme souvent chez les bavards, se cache un vrai silencieux. Tant de paroles pour un silencieux ! La délicatesse, je vous dis ! Vous dites : « J'aime fuguer ! » Alors fuguez, Édouard, fuguez, fuguez à perdre haleine, sonatez, mazurquez, baladez, préludez, impromptez, fuyez le tintamarre, vous avez encore beaucoup de silences à dire !

Yamina Benguigui

Inch'Allah dimanche

En l'honneur de Yamina Benguigui, je voulais écrire une sorte d'hommage aux mots immigrés : la langue française, c'est, pour 95 %, du bas-latin (du baratin, aussi, mais c'est une autre histoire !) et pour 5 % des mots immigrés. Des mots métèques, des adjectifs errants, des passés grecs, des mots déplacés, des mots basanés séparés par des blancs, des mots dérivés, des mots-valises, des mots attachés à leur racine, débarqués pour repartir et qui sont restés, des mots intégrés, devenus résidents.

Les mots sont arrivés, des adjectifs peu qualifiés, venant souvent des pays pauvres, ils ont servi de mot d'œuvre à bon marché, pour remplacer certains mots qui ne voulaient plus se salir les lettres, certains demandaient asile, d'autres se regroupaient, en famille, avec grammaire et mots d'enfants, des mots qui ramènent leur phrase à tout bout de champ, ils étaient venus clandestinement ou en grandes pompes, par l'Académie, ils sont naturalisés français, ou ils ont double nationalité, il y a des mots clandestins, des mots sans emploi, des mots de la rue, des mots SDF, Sans Définition Fixe, qui voyagent sans passeport, ni syntaxe d'aéroport, il y a des mots métis, bref, la langue française s'est fait un plaisir d'enrichir son vocabulaire à moindre frais !

Il y a des mots qui sont installés là depuis longtemps. Le mot *alcool*, entré en France au XVIe siècle, d'origine arabe. *Alcool* et *alcôve* sont des mots arabes ! S'il se trouvait un fou pour renvoyer ces deux mots-là d'où ils viennent, vous imaginez le double scandale : ici, on pleurerait à jamais secrets d'alcool et ivresses d'alcôves et là-bas, ça nous ferait un sacré ramdam ! *Ramdam*, arabe, *barouf*, italien, *tohu-bohu*, hébreu, comme *brouhaha*, *bazar* persan, *bousin* anglais, *vacarme* néerlandais. Tous ces mots venus d'ailleurs pour faire un bœuf avec le vieux latin *bruit* ! Et le mot *hasard* ! Par quel hasard, le mot hasard nous est-il venu des arabes, un coup de dé, le hasard, pas n'importe qui, le grand dé à en découdre, père du big bang et des premières molécules vivantes. Et *chiffre* et *jupe* !

Les mots d'origine arabe font la nouba, un vrai souk, oranges, pastèques, sirops et nénuphars, une noria de mots nababs, de mots mabouls, leur smala et tout le gourbi, des mots caïds qui font des salamalecs, des clebs, des toubibs sur des sofas, dans leur barda, pas bésef d'alcool, question flouze, macache, wallou, mais ça kiffe dans les guitounes, des mots qui ont la baraka, je vous sers un chouia de caoua ou de café, c'est kifkif, des mots pas du tout béni-oui-oui qui circulent sous la gandoura, niquer, zob, mouk, des mots qui en jettent, algèbre, le mot *khôl* qui fait les yeux doux, le mot *masser* qui fait du bien, razzia sur les mots parfumés, safran, jasmin et la tasse, le talc, les échecs, l'amiral... c'est ce qu'on appelle en anglais un raout !

Les mots russes poussent des hurrah de mammouth près du poêle à mazout, les mots turcs du sérail, comme des pachas, une tulipe au colback, cravachent dans le yaourt, des mots suédois, nickels, mangent des rutabagas dans du papier kraft, des mots allemands très chic, un peu nouilles (oui, le vrai chic n'est pas parisien, il est allemand comme les nouilles !) valsent en leitmotiv près du vasistas, accordéon et képi, ersatz de libido, tandis qu'un hamster, toujours allemand, dans la mouise, prend des barbituriques ou de la schnouf. Il y a les isolés, le basque bagarre, le berbère baroud, la calèche tchèque, et un polonais qui s'empiffre de babas, il y a même des aztèques, la tomate qu'on croyait bien de chez nous, comme la cacahuète, le cacao et le chocolat, le steak, lui, n'est pas aztèque, il est anglais. Les mots hollandais « mannequin, braquemart, groseille et pamplemousse » flânent sur les boulevards, à bâbord ou à tribord, en pointant l'arquebuse, des kamikazes japonais très zen, vont au karaoké pendant que les mots italiens farnientent sur leurs mezzanine en mangeant des pizzas, pianissimo. Les mots tupi-guarani d'Amérique, en jaguar, manioc, ananas et acajou, jouent au cobaye et aux indiens, un vieillard de cent soixante-huit berges, le mot berge, justement, est tzigane, et le vampire est serbe.

Le mot bougnoul se sent un peu seul et rejeté. C'est un mot sénégalais. En wolof, il n'a rien d'abominable, il veut dire noir. Il a mal voyagé ! Ou il s'est fait exploiter, par des mots bien de chez nous, qui se croient tout permis avec leurs 95% aux élections lexicales ! Des mots imbus d'eux-mêmes, des mots d'esprit chagrin, qrui voudraient bien voir repartir, par charters entiers, au bled, à Tataouine ou à Pétaouchnock, tous ces mots colorés, allez, fissa ! Exit, le mot exit, tchao le mot charter, bye-bye le mot tchao ! Mais, grâce aux mots, la préférence nationale n'est pas de mise dans le langage courant. La langue se délecte de dialectes, elle fait la créole buissonnière, elle se laisse aller aux effusions de sens. Y en a même qui s'embrassent… avec la langue !

Chère Yamina Benguigui, votre film *Inch'Allah dimanche* devrait être obligatoire dans les écoles. En même temps que l'apprentissage des mots, on devrait, permettez-moi d'inventer le mot, s'apprentir à l'autre, au différent… inch'Allah !

François Berléand

Du penaud de concert

Franchement, qui aurait cru que François Berléand
pourrait un jour jouer un garagiste tout penaud,
cocu et de surcroît réparateur de Ferrari ?

Plus penaud que Berléand, tu meurs ! Du penaud de virtuose ! Du penaud de concert ! Du penaud quart de queue, si j'ose dire ! Berléand, c'est le Vladimir Horowitz du penaud. Quand on porte la penauderie à ce niveau de perfection, excusez-moi, mais les garagistes et les cocus, c'est de la roupie de sansonnet pour Berléand ! Et le réparateur de Ferrari, il peut vous le faire cocu, penaud, mais aussi et au choix, véreux, lymphatique, pervers, alcoolique, escroc, lâche, faux-cul et opportuniste...

Bon, c'est vrai qu'il se débrouille plutôt mieux avec les nullards, les méchants, les veules et les gros nases qu'avec les amoureux et les premiers communiants ! Berléand ne maîtrise pas trop les rôles à la Gérard Philipe. Il n'est pas fleur bleue, il est fleur de cactus. Figue de barbarie. Mais pour jouer un réparateur de Ferrari, il n'est pas nécessaire de connaître par cœur le moteur V8 central arrière, quarante soupapes 3 586 cm^3 de cylindrée ! François Berléand a un métier : il est comédien. Le b.a.-ba du comédien, c'est de savoir donner l'illusion parfaite du réparateur de Ferrari, justement, même si on est nul en mécanique ! Si Berléand ne savait pas jouer les réparateurs de Ferrari, il n'aurait plus qu'à trouver un autre boulot ! Berléand peut même vous faire un réparateur de Renault ou de Peugeot, si vous voulez ! Un réparateur Renault-Peugeot penaud en train de réparer une panne sexuelle sur un espace 806 ! Et dans un coin du garage, il a installé une chaudière dans laquelle il enfourne ses clients ! Il vous joue la grande scène du docteur Petiot Renault Peugeot penaud. Oui, comme la jouerait Serrault !

Berléand, son idole, c'est Serrault. Berléand, c'est le degré Serrault du jeu de comédien ! Le Serrault et l'infini ! Serrault de conduite ! Un Serrault jeunot Petiot Renault Peugeot penaud, voilà ! Berléand a le virus Serrault, il est Serrault-positif en quelque sorte ! Et Serrault, son virus, c'est Michel Simon, figurez-vous ! Ce qui fait que quand Berléand attaque un rôle, il se demande comment l'aurait joué Serrault, Serrault, lui se demande comment l'aurait joué Michel Simon. Donc Berléand, c'est un peu notre Michel Simon, et Michel Simon ce n'est pas vraiment Gérard Philipe, CQFD !

Une anagramme de Berléand donne « Bélandre ». Une bélandre, c'est une péniche à fond plat. C'est pour ça qu'il sait si bien jouer les pannes sexuelles, les péniches à fond plat. Apollinaire chantait : « Sur le quai d'où je voyais l'onde couler et dormir les bélandres. » Voilà,

Berléand, c'est un chaland qui dort à quai, pénard. Et quand on a besoin de lui, on lui dit « moteur » et il démarre son 6 cylindres 200 chevaux, il lui faut du temps pour se mettre à l'eau, pour atteindre sa vitesse de croisière, mais après, c'est du solide. Berléand, c'est un canot à moteur. Un canot Serrault jeunot petiot Renault Peugeot penaud ! Bon, de temps en temps, il écluse, normal pour une péniche ! Et puis c'est un bâtiment à fond plat, alors il ne s'aventure pas trop en haute mer comme les Gérard Philipe, non, on s'en sert sur les rivières, les canaux et dans les rades.

Jusqu'à la quarantaine, il était plutôt en rade, le Bélandre. Et puis on l'a vu arpenter les méandres des canaux du cinéma. Il faisait du cabotage. Sur les canaux, un canot cabot Serrault jeunot petiot Renault Peugeot penaud. La bélandre est une barge et Berléand est un barjo. Mais attention : un barjo qui ne fait pas n'importe quoi : il a des couilles, certes, mais il ne les met pas en devanture ! Berléand peut tout faire, mais il garde sa dignité. Alors pour les scènes de couilles, Catherine Breillat ou non, il se fait doubler. Et pas par de la roubignole de guignol, de la bourse de nounours, du glaoui de ouistiti ou de la roupette de mauviette, non, monsieur, Berléand se fait doubler par du rouston de baston, de la coucougnette d'athlète, de la valseuse ambitieuse, du grelot de matelot, de la burette jet-set, de la testicule d'Hercule, sa doublure en bijoux de famille, c'est Rocco si raidi Siffredi en personne, enfin, je devrais dire « en parties » ! D'ailleurs une autre anagramme de Berléand, c'est « le bénard » alors son bénard, on ne lui enlève pas comme ça !

Richard Berry

Comme un piano qui ne serait pas entier

Les gens me demandent comment j'ai fait pour retrouver le monde de l'enfance. Mais imaginez quelqu'un qui aurait vécu en Afrique jusqu'à l'âge de quinze ans et qui aurait tout oublié ?

Alors comme ça, vous y avez été, vous aussi ? En enfance ! Comment ça se fait qu'on ne s'y soit pas rencontrés ? Moi j'y suis allé tout jeune. Enfin, ce sont mes parents qui ont eu la bonne idée de m'emmener là-bas. C'est bien simple, j'ai l'impression d'être né là-bas ! Et j'y suis resté comme vous, une quinzaine d'années. On devait y être à la même époque ! On est tous les deux du demi-siècle ! Moi j'étais en enfance du Nord, les conditions de vie sont quand même plus faciles ! J'ai encore le passeport qu'on m'avait donné : un collier qu'on t'accroche au poignet, avec ton prénom dessus, comme une paire de menottes, mais fixée à un seul bras. Un peu prisonnier, un peu libre. C'est beau l'enfance ! C'est très très loin : j'ai essayé d'y retourner plusieurs fois, impossible de retrouver le chemin !

C'est un pays où tout est grand : on est toujours en train de lever la tête ! J'y étais depuis trois quatre ans et j'ai vu débarquer mon petit frère. Je me souviens, on dormait dans des lits cigognes. Elles nous emmenaient le soir et nous déposaient le matin. Bien sûr, elles ne nous emmenaient pas dans les mêmes endroits. Au réveil, on n'osait pas se raconter nos voyages nocturnes, mais on avait les yeux fatigués, comme si on avait fait la bringue toute la nuit !

En tout cas, mes dix premières années là-bas, je ne me rappelle pas grand-chose. À part que mes parents ne nous ont pas lâchés ! Et ils ont fait plein de photos. C'est bizarre, il n'y a aucune photo quand je pleure, quand j'ai envie de tuer mes parents, quand j'ai peur. J'ai peut-être rêvé tout ça. Je regarde de temps en temps mes photos d'enfance : c'est tout en noir et blanc. En fait, c'est gris. J'ai l'impression que c'est un pays où on n'arrête pas de se déguiser : j'ai une photo en CRS avec un casque de moto. J'ai été comme ça, moi ? Et une autre en aube blanche avec une grosse croix en bois sur le ventre. Ça doit être ça l'enfance, un pays où les adultes vous déguisent avec leurs rêves. CRS ou bonne sœur ! Parfois je me demande si mes parents ne sont pas partis là-bas avec d'autres gosses… Oui, parce que, dans ce pays, on croise plein d'adultes, mais on a l'impression qu'ils ne sont pas vraiment là, qu'ils ont appris leur texte par cœur ! Ils vous parlent bizarrement, une drôle de langue, comme s'ils avaient acheté avant de partir la méthode Assimil « Apprenez l'enfance en quarante leçons ! ». Ils emploient des mots étranges, coco, mon petit bout, nounours, ils vous posent dans un bac à sable avec une pelle, un râteau et ils ont l'impression qu'ils vont être décorés de l'ordre du Mérite. Ah ! pour se prendre des pelles et des râteaux, on s'en prend ! On vous colle une rougeole ou une coqueluche, et t'as plus qu'à te gratter ! Si tu regardes dans le dictionnaire à *infantile*, tu n'as guère que maladie ou mortalité comme exemple, c'est gai ! Même avec quelques années de plus, à *juvénile*, tu trouves acné et délinquance.

Par contre, les cinq dernières années, j'ai des souvenirs plus précis. Par exemple, je me rappelle qu'il y a des régions, en enfance, où il peut faire très sombre en plein jour, on te vend des esquimaux, des caramels ou des chocolats glacés et, quand le soleil se lève, il n'éclaire qu'un grand rectangle vertical, et plein de gens qu'on ne peut pas toucher mais qui font rêver ! C'est là que j'ai rencontré Anouk Aimée. Je crois que vous l'avez croisée aussi, vous voyez que vous ne deviez pas être loin. J'avais douze ou treize ans. À l'époque elle se faisait appeler Lola. J'ai lu que dans ce pays-là, en enfance, on est asexué, comme un piano qui ne serait pas entier, on est un peu piano droit dans ses baskets. Je me souviens que, quand je regardais Anouk Aimée, je me sentais plutôt quart de queue, si vous voyez ce que je veux dire : on a encore du chemin à faire, mais ça joue déjà une petite musique.

J'ai aussi connu un Berry dans ces coins-là, Jules. C'était le diable en personne ! Quel panache ! Quand j'ai quitté l'enfance, ça s'est fait sans problème. Un peu vite, mais honnêtement, j'en avais ras le bol ! J'ai tout laissé là-bas ! Beaucoup de souvenirs et des valises de trucs perso, je ne voulais plus en entendre parler. J'avais envie de connaître autre chose. Mais bien sûr, longtemps après, une fois qu'on est devenu un vrai beau piano de concert, avec une belle queue sans restriction, une fois qu'on a joué ses grands airs, qu'on a martelé les touches comme des hommes, qu'on a donné toute sa mesure, et qu'on se rapproche de la casse, on a, par moments, une putain de nostalgie qui vous prend à la gorge, on voudrait repartir là-bas, rouvrir les valises de l'époque, mais ce pays-là, ça ne se visite qu'une fois mon vieux ! Alors on y envoie ses gosses. Et on les prend en photo. Je ne sais pas si l'enfance, de nos jours, c'est mieux qu'avant. Mais en tout cas, les photos, maintenant, on les fait en couleur !

Zabou Breitman

La mémoire écumoire

J'ai un problème de mémoire. J'ai la mémoire courte. Très courte. Une heure ou deux, maximum. Au-delà, dans ma tête, c'est le brouillard, on n'y voit pas à dix mètres. Je prends des douches froides régulièrement pour me rafraîchir la mémoire. Alors vous imaginez, les douches froides plus le brouillard, ma mémoire s'enrhume. Une sorte de rhume de cerveau, j'ai les neurones en pelote ! Je n'arrête pas de me moucher ! Mes amis aussi n'arrêtent pas de me moucher, parce que je ne me rappelle rien ! Pour me rappeler les choses importantes, je fais des nœuds à mes mouchoirs, mais comme ce sont des Kleenex, je les jette. Du coup je ne me rappelle rien ! C'est un cercle vicieux ! Le passé, surtout proche, ne m'arrive que très atténué, comme une légère réverbération. Oui, c'est ça, je ne me remémore pas, je réverbère. Mes amis m'appellent l'Alzheimer de réverbères…

Bref ! Ce matin, en me réveillant, je lis sur un papier collé au-dessus de mon lit : Aujourd'hui *Fou du Roi* 11 heures. J'ai truffé ma maison de petits papiers pour rappeler le présent à mon bon souvenir, j'ai vu ça dans un film, je ne me souviens plus lequel. *Fou du Roi* 11 heures, parfait ! Oui, mais quel est l'invité ? Je fouille dans ma mémoire. Un champ de ruines ! Au milieu, une vieille pancarte amochée où il est écrit : « Décharge publique : amenez-y vos souvenirs ! » Je me dis : Tant pis ! Je vais mettre une cravate, à tout hasard, en l'honneur de l'invité. J'ai une seule cravate. Elle est posée sur la table. Et là, c'est très bizarre, il y a un nœud à ma cravate. Donc hier, j'ai fait un nœud à ma cravate pour me faire penser à quelque chose... mais quoi ? Je ne comprends pas pourquoi on fait des nœuds pour se rappeler une chose importante ! Si on oublie la chose en question, le nœud ne sert à rien ! Pour ne pas oublier l'uppercut qui l'a mis au tapis, le boxeur a fait un nœud à sa mâchoire. Pour se rappeler qu'il voulait se suicider, le pendu a fait un nœud à sa corde.

Moi, ma mémoire est un sac de nœuds : à chaque nœud, un souvenir garrotté. Finalement, je crois me souvenir que je n'ai pas mis de cravate. Et puis en arrivant ici, je vous vois : Zabou ! Mais c'est bien sûr ! C'était Zabou, l'invitée ! Je le savais ! Ma mémoire défaille mais, heureusement, elle a des failles, elle est truffée de trous, des trous de mémoire. Je m'engouffre dans celui qui vient de s'ouvrir en vous voyant. Zabou. Se souvenir des belles choses. Oui, les petits papiers sur les murs, je me souviens ! L'ange de l'oubli... il a dû passer cette nuit ! Attendez, ça me revient : hier, ou peut-être avant-hier, j'ai écris une chronique sur vous !

Je m'étais dit : Zabou est passionnée par la mémoire, je vais écrire un beau texte sur la mémoire : la peur de tomber dans le vide de sa propre mémoire, la perte des mots, comme un saut en « chut ! » libre, et le parachute qui ne s'ouvre pas ! Le vertige face aux vestiges du passé… La mémoire : l'art d'accommoder les restes. La mémoire, qui met les souvenirs en conserve et, quand on n'a rien d'autre à manger, on ressort une boîte. Bien sûr ça n'est pas frais, il n'y a plus beaucoup de vitamines, mais ça dépanne. La mémoire comme une pièce de théâtre, quand la représentation s'achève, le rideau de l'oubli se lève et les souvenirs reviennent saluer : ce sont les rappels…

Mais j'ai bien dû l'écrire, cette chronique ! Je ne me souviens plus ! De toute façon, si je l'ai écrite, j'ai dû l'apprendre par cœur. Le cœur, c'est encore le meilleur moyen pour se souvenir. J'aurais dû me faire des pompes, des antisèches ! Un pense-bête ! Enfin, pour vous, je devrais dire un pense-belle. C'est terrible, l'oubli. Quand j'étais gamin, j'avais un copain qui oubliait de respirer. Je me souviens, c'était à la piscine. Quand ça lui arrivait, il plongeait la tête sous l'eau et il restait jusqu'à ce qu'il retrouve sa respiration. Heureusement, c'était passager. On disait que c'était de l'apnée juvénile ! Et puis un jour, il a oublié pour de bon. Impossible de remettre la main sur sa respiration : eh bien, il en est mort ! Quand je pense qu'on disait qu'il respirait la santé !

Parfois j'ai l'impression que ma mémoire vieillit. Elle s'oublie. Elle fait sous elle. Ma mémoire est une écumoire, elle a des fuites… Ça y est ! Je me souviens : je savais ma chronique sur le bout des doigts, de A à

Z, d'Alzheimer à Zabou. Et j'ai paniqué parce que je ne me rappelais plus votre nom ! Et je sais que c'est important pour vous. Mais je vais le retrouver ! J'ai un moyen mnémotechnique : je commence par le B de Bern et après j'aligne le nom des îles grecques : *Bern, Rhodes, Egine, Ios, Tinos, Mykonos, Andros, Naxos.* B.R.E.I.T.M.A.N ! Zabou Breitman ! Je me souviens : j'avais épluché votre dossier de presse, mais je n'avais surligné en jaune qu'une seule phrase ! Une phrase que vous aviez dite à un journaliste : « On n'aime pas avec des mots, ni avec des sentiments, mais avec la mémoire. » Et je m'étais dit : tu n'as qu'à juste dire cette phrase, c'est pas long, tu pourras la retenir et il n'y a vraiment rien d'autre à ajouter !

Jean-Claude Brialy

Élevé au lait cahier du cinéma

Attention à cet homme ! C'est du lourd, du gros calibre, du 35 mm, écran géant, bobine de cinéma, deux projos sous les paupières, des hectolitres d'images et de répliques dans les veines, de quoi impressionner la pellicule. Brialy c'est le fils adoptif de Pierre Brasseur et d'Edwige Feuillère, de Jean Cocteau et d'Elvire Popesco, t'as d'beaux aïeux, tu sais ! Avec Brialy, sur l'autoroute de la nostalgie, le temps, pris en flagrant délit d'excès de vitesse, se prend un flash-back en pleine gueule, ce sont nos fantasmes de salles obscures qui défilent, nos larmes d'ados entre deux esquimaux, nos rires de mioches. Oh ! Brialy enfant, c'est pas la caverne d'Ali Baba, tout juste les casernes de Brialy papa, officier d'artillerie virtuose du ceinturon et du trousseau de clés. Alors avec Brialy, on fait la famille buissonnière, on fait le mur, on sèche les cours, on file en douce, virées nocturnes et bruits de serrure.

Brialy, c'est un beau Jean-Claude qui fait le singe au bord d'un ruisseau de souvenirs, un ruisseau en crue, ça déborde, ça inonde, rien que des visages entrevus sur la toile, des histoires à dormir debout sur les mains, pleines d'étoiles qui ont filé et d'autres qui brillent encore, Brialy, c'est Monsieur Cinéma, mais de l'intérieur, sous le capot, juste après le mot « moteur », entre « action » et « coupez ». Brialy fut un temps le chantre de la nouvelle vague, élevé au lait cahier du cinéma. C'est un cirque ambulant, show-bizz et chauds bisous, c'est la Samaritaine un samedi 24 décembre aux heures de pointe, quand on fait la queue avec plein de cadeaux et d'étoiles dans son chariot ! Et un pack de Chabrol, un album de Godard, trois péloches de Rohmer, le Truffaut, là, c'est pour emporter ? Non, c'est pour faire les quatre cents coups, pour chavirer, pour tourner de l'œil, du cœur et flageoler des gambettes. M. Jean Marais est demandé au rayon beauté et joie de vivre ! Ah ! on trouve du beau linge au rayon émerveillement, le velours de Ventura, la flanelle de Bernard Blier, l'alpaga de Belmondo, la toile écrue de Pasolini. On y effleure les ailes bleues de l'ange Marlène, la robe noire de Piaf, celle, blanche, d'Arletty, on y chasse le zèbre de Jean Poiret, et l'on s'assoit aux côtés du meccano Gabin dans la locomotive de *La Bête humaine*, t'as d'beaux essieux, tu sais…

Brialy, c'est tous nos rêves de cinoche, Delon archibeau gosse, une demoiselle de Rochefort envolée et sa sœur orpheline, c'est Ava Gardner et Noureïev. Bon, je ne vais pas m'amuser à piétiner le jardin secret de Brialy, je dirai simplement que cet homme a eu une carrière à la fois homo-gène et hétéro-clite ! Brialy, c'est une fine mouche qui se pose sur la pellicule, il attire le beau, il tourne dans *Le Genou de Claire*… le genou de Claire ! C'est tout Brialy : on ne l'imagine pas tourner dans un film qui s'appellerait *La Clavicule de Nicole, L'Omoplate de Monique* ou *Le Coude de Ginette*… Brialy, faut-il le dire, c'est ma jalousie féroce, mais pour qui il se prend ce jeune godelureau qui a passé sa vie à tenir dans ses bras nos amours de cinéma, notre Bernadette Lafont, notre Jeanne Moreau, notre Simone casque d'or, notre Danielle Darrieux, notre Romy Schneider… Allez, Brialy, on la refait ! Déshabillez-vous et, hop, au lit ! Avec Claudia Cardinale, Brigitte Bardot, Jane Fonda. Oui, elle est bonne, elle est délicieuse, mais on en refait une petite dernière, pour la route, merci Brialy !

Brialy, c'est une tempête de théâtre, qui maquille et embellit tout sur son passage, avalanches de trois coups, pluie d'applaudissements, tombées de rideau, c'est les Bouffes-Parisiens, enfin, si l'on en croit son directeur, c'est plutôt les avale-budget, les mange-finances, les engouffre-économies, mais c'est aussi les boulotte-Guitry, les ripaille-Feydau, les croque-Cocteau. Brialy, c'est un château, deux festivals, une Line Renaud flambant neuve, avec deux phares bleus tendresse, Brialy, bri comme bric-à-brac, brillant et Bries de mots, -aly comme didascalie ou Christiana Réali qui fut sa dame aux Camélias. Brialy c'est 16 mètres cubes de terre au cimetière Montmartre, 16 mètres cubes, il n'aurait pas pris un peu le gros pariétal, Brialy ?, une baignoire de caillasse pas loin de Guitry, Feydeau, Charon et Truffaut, histoire de retrouver un jour les copains, on va pas se laisser emmerder par une faucheuse avec sa faux en forme de rideau de fer, une vieille actrice ringarde qui n'a pas changé de costume et de maquillage depuis des millions d'années, et qui nous a fauché Molière, Jouvet et Gérard Philipe en pleine gloire, t'as d'beaux dieux, tu sais !

Brialy, c'est vous et moi, il est un peu notre représentant auprès des bouffons, des arlequins et des monstres sacrés, c'est notre député élu au suave universel, notre messager, son cahier des charges, c'est nos baisers, nos désirs, nos hommages, nos émotions, nos fous rires, et lui, il transmet, il distribue... alors n'oubliez pas le guide !

Entouré d'un rond de lumière
Sa vie accrochée au vestiaire
Comm' par miracle
Le temps d'enfiler son faux nez
Le clown a déjà commencé
Place au spectacle

Entre les lign's il dissimule
Sa vie derrièr' chaque virgule
Il soliloque
Il dit blanc, son ventre dit noir
Qui faut-il croire allez savoir
Il ventriloque

Mesdam's messieurs voyez l'Hercule
Muscles bandés qui gesticule
Bardé de chaînes
Parviendra-t-il à s'en tirer
Je crois qu'hélas vous le saurez
La s'main' prochaine

Entouré d'un rond de lumière
Sa vie accrochée au vestiaire
Comm' par miracle
Le temps d'enfiler son faux nez
Le clown a déjà commencé
Place au spectacle.

Yvan Bourgnon

L'amure, toujours l'amure !

Il y a des noms, comme ça, qui sont évocateurs. Quoi que tu fasses, même si tu es bouché à l'émeri, même si tu ne sors pas de ton terrier, même si tu n'es pas du tout dans les circuits branchés, même si tu as tourné depuis longtemps ta télé vers le mur, même si tu es un ours, ces noms-là, tu les entends, et tu as plein d'images qui arrivent, que tu le veuilles ou non. Tu entends Bourgnon, tu vois la mer et c'est tout.

Oui, mais toi, tu la vois de loin la mer, tu la regardes de ton transat, tu te dis : c'est plat, c'est immense, c'est salé, c'est comme un terrain vague, c'est pas bâti, il n'y a rien qui pousse, c'est toujours pareil, c'est chiant, tu comptes les moutons, et tu t'endors. Alors non, mon vieux ! Tu te bouges le cul de ton transat, tu retires tes pataugas, et tu embarques. Avec Laurent ou Yvan, comme tu veux. Je te conseillerai bien Laurent, parce que, avec Yvan tu risques de te retrouver le cul par-dessus tête, avec un bateau au-dessus du crâne, mais prends celui que tu veux, ils sont fêlés tous les deux, et comme ils sont fêlés, ils prennent l'eau, ça rentre de partout, c'est pas des gens comme toi, ils ont une voile au poumon, une bôme sur le cœur, une barre sur l'estomac, des balises sous les yeux, des nœuds dans les cheveux, ils ont la lame facile. Assis sur leur océan, ils roulent, ils tanguent, ils s'emportent pour un winch ou pour un non. Ils sont muets comme une trombe, ils mangent des ris, des étraves ou des filets de catamaran et boivent la tasse, ils jouent aux quilles, ils bordent des voiles, ils se réveillent au chant de la coque, ils n'ont pas besoin de psy, ils se confient au spi.

Même à dix ans, c'était peut-être des vauriens, mais ils étaient déjà mâtures, ils ont avalé des biberons d'eau de mer, tété la Voie lactée, ce sont des surboués, nés sous le signe du Zodiac et du radeau de survie, ils n'écoutent que leurs cordages, ils font le pont sept jours par semaine, ils votent à bâbord ou à tribord, suivant les vents, l'important pour eux, c'est l'amure, toujours l'amure ! Ils fuient le cargo comme la peste, ils ont les pieds sur mer et, quand ils sont partis, faut les oublier, tu les reverras peut-être un jour, à l'île de Pâques ou à La Trinité-sur-Mer…

C'est peut-être à cause de gens comme toi qui restent planqués sur la plage, qui n'en démordent pas, qui sont définitivement à quai, recroquevillés sous leur parasol et sous des litres et des litres d'ambre solaire, qu'on a dû inventer les Bourgnon ! Pour être sûr qu'on pouvait encore avoir un grain de folie, s'envoyer en l'air avec les dauphins, jouer aux échecs avec Neptune, se prendre des claques de mer, bouffer des haubans, comme disait le grand Jacques.

Oh ! ça ne les empêche pas de se retrouver à l'envers, quand navire rime avec chavire, à quatre pattes dans la flotte, à flirter avec la Faucheuse qui donne des grands coups dans l'eau pour les attraper. Ça n'empêche pas leurs rêves démesurés de porter des noms pas jolis du tout, Rexona Men, Bonduelle ou Fujifilm. Ça n'empêche pas, que sur leur Ferrari des mers, le moindre boulon coûte aussi cher qu'un joyau de la couronne. Ça n'empêche pas que, pour leur course en solitaire, ils soient au moins deux cent cinquante à dépieuter la météo, à s'envoyer des faxs, des mails, via des ordinateurs, des satellites et des portables iridium. Mais bon, quand ils sont dans des creux de dix mètres, seuls face à un vent de soixante-quinze nœuds, c'est pas avec du déodorant, des petits pois ou des pellicules qu'ils s'en sortent. Au milieu de l'océan, il n'y a pas de distributeur, ils doivent bien avoir quelque chose en plus. Et pourtant ils ne sont pas plus grands que toi et moi, mais ils s'habillent en grand, taille large, taille barge ! Moi qui ai une peur bleue de l'eau, qui suffoque au bout de trois brasses, ça me donnerait presque envie de prendre la mer. Allez, bon vent, Yvan !

Philippe Bouvard

Penthalogoluthe

À mon ami François Rollin,
mon génial pourvoyeur
en figures de style…

Cher Philippe Bouvard,

Dire que vous portez plusieurs casquettes est un euphémisme.

J'explique pour les lecteurs : un euphémisme est une figure de style qui consiste à employer une expression adoucie à la place d'une autre plus brutale, qui pourrait choquer. Au lieu de dire à Philippe Bouvard : « Soyons sérieux, monsieur Bouvard, j'ai épluché votre dossier de presse, on y lit que vous faites dix mille choses à la fois, vous écrivez des livres, vous êtes journaliste, animateur, chroniqueur, moraliste, vous êtes à la télé, à la radio, aux *Grosses Têtes*, au *Fou du Roi*, à Bobino, vous êtes en promo, vous jouez au casino, vous mangez, vous dormez, vous inspirez, vous expirez, vous marchez en avant, en arrière, vous tournez à gauche, à droite, vous montez des escaliers, vous sautez à pieds joints, bref, vous vous agitez comme un diable »… ça peut paraître un peu brutal, donc je dis tout simplement : « Vous portez plusieurs casquettes. » Ça veut dire la même chose, mais c'est plus délicat. C'est un euphémisme.

Notez que la longue tirade qui précède est aussi une figure de style : c'est une logorrhée. Un flux de paroles inutiles, dans lequel, vous l'aurez remarqué, figure cette phrase : « J'ai épluché votre dossier de presse » qui est une métaphore, un dossier de presse n'est évidemment pas une carotte ! « Vous portez plusieurs casquettes » est aussi une métaphore. Il ne s'agit pas bien sûr de vraies casquettes. Si ça se trouve, Philippe Bouvard n'a jamais porté de casquette de sa vie, même s'il en a trié à l'époque et si RTL lui a fait porter le chapeau, il n'y a pas si longtemps. Et si par hasard il porte une casquette, rien ne dit qu'il en ait plusieurs de rechange, je n'ai pas l'honneur de connaître la garde-robe de Philippe Bouvard. Enfin, garde-robe… c'est une métonymie, il faudrait dire, je pense, « garde-pantalon », et non pas « gare de Lyon », ce qui serait une autre figure de style bien connue sous le nom de calembour.

Non, tout ce GALIMATIAS, cet AMPHIGOURI, Philippe Bouvard, n'est là que pour dire à nos lecteurs qui ne vous connaissent peut-être pas – ça c'est une LITOTE, on ne voit pas trop qui pourrait ne pas vous connaître ! – que vous avez plusieurs cordes à votre arc, vous courez plusieurs lièvres à la fois, vous êtes sur tous les fronts, autant de PÉRIPHRASES qui signifient que vous avez du boulot, quoi ! Avec toutes vos nombreuses activités, vous êtes booké pour tout le troisième millénaire ! Ça c'est une HYPERBOLE. Oui, c'est volontairement exagéré ! Il est évident que vous ne passerez pas l'an 3000. Il y a une certaine justice sur cette terre, le travail, le succès et la notoriété ne permettent pas de s'affranchir de tout ! La mort remet tout le monde au diapason, si je puis me permettre cette ALLÉGORIE.

Il y a beaucoup d'autres figures de style : quand je dis, par exemple, « Philippe Bouvard, vous venez de faire un livre sur les femmes », c'est une PICOGLOSE. La picoglose consiste à remplacer volontairement un mot par un autre moins approprié, ici écrire par faire, pour donner à l'auditeur l'impression qu'il possède mieux la langue française que le chroniqueur. Attention, toutefois, si je dis : « Philippe Bouvard, vous venez de faire un superbe livre sur les femmes », là, les avis sont partagés. Selon les linguistes, il s'agit soit d'un PLÉONASME, soit d'une INEPTIE. Par contre, si je dis « Philippe Bouvard, vous venez de faire sur les femmes », c'est une critique plutôt méchante, voire vulgaire, et qui explique, *a posteriori*, le choix du mot faire dans la PICOGLOSE sus-mentionnée. Il m'arrive d'inventer des figures de style, l'ÉPINAXE, par exemple ! « Il y a du beurre dans le Frigidaire », c'est une ÉPINAXE. Mon fils de sept ans emploie beaucoup les ÉPINAXES. C'est d'ailleurs uniquement pour le valoriser que j'ai inventé l'ÉPINAXE. Il a même dit une fois : « Il y a du beurre ET DES YAOURTS dans le Frigidaire », et je l'ai chaleureusement félicité pour cette double ÉPINAXE !

La lecture de votre livre, Philippe Bouvard, confirme que vous êtes un grand consommateur de figures de style, j'ai relevé page 167: « Il l'embrassa sur les lèvres qui étaient charnues et fraîches », c'est une délicieuse ANAMORPHIRÈSE. Page 68 : « Eh bien non ! », superbe ANTONOMÉRASE ! Et enfin page 234 : « Jeanne ne sort jamais de chez elle ou presque », sublime HYPOTOTIRIMONOSE, digne d'un La Bruyère, grand spécialiste, de l'HYPOTOTIRIMONOSE ! L'autre jour, un type hurlait dans le métro : « Ça fait chier tout ça ! », c'est un PENTALOGOLUTHE. Et une belle leçon pour nous tous de voir ce type, qui, même dans la mouise la plus totale, trouve encore l'énergie d'avoir du style ! Il est monté dans une rame et, dès que la porte s'est refermée, il a crié « Je m'ai trompé de métro », superbe ! L'exemple type du PROTOZEUGMA ! Il s'est assis en soupirant : « Morde alers », c'était une CONTREPÈTERIE ! Le contrôleur est arrivé, il m'a demandé si j'avais mon titre de transport, j'ai répondu, citant votre ANTONOMÉRASE de la page 68 : « Eh bien non ! » En colère, il m'a demandé mes papiers. Je n'avais rien sur moi. J'étais en train de lire *Bouvard et Pécuchet*, le contrôleur n'a vu que Bouvard, une HOMONYMIE. Ça m'a sauvé ! Il s'est mis à me raconter les meilleurs blagues des Grosses Têtes, un FLORILÈGE ! Je vous ai béni, cher Philippe Bouvard, aussi, permettez-moi, pour conclure, ce dernier mot : chameau ! Pardon, c'est une dernière figure de style, pour la route ! Une COQUILLE. Je voulais dire : chapeau !

Bernard Campan

La tierce personne

Très longtemps, Bernard Campan sur ses positions ne fut qu'une tierce personne. Tout petit déjà, encore demi-portion, on ne le prend pas vraiment au sérieux. Il y a d'autres Campan dans la famille qui font la une. Ado, il se glisse dans un groupe de rock, pas vraiment sur le devant de la scène, il tient la basse, il s'initie à la tierce. Chez Bouvard, il se fond dans un quintette de rigolos. Il n'est que cinquième roue du futur carrosse des Inconnus. Il paie de sa personne, mais il a du mal à payer place entière. Il paraît même qu'il signe ses autographes Jean-François Derec… Une tierce personne, on vous dit ! De cinq, les Inconnus passent à quatre, le voici quart au sein d'un « quatre-quarts », puis trois.

Bernard Campan trouve enfin sa vocation : engagé sur un tiers-temps. Simple côté d'un triangle, bougie d'un moteur à trois temps, fil à la masse branché sur le triphasé, membre vagissant d'un triplé d'embryons brillants et bruyants, tiers-bêta, triplicata estampillé inconnu, bonne feuille d'un trèfle de plaisanteries, cuir pas très chevelu d'une chaussure à trois bandes. Les Inconnus font les trois huit, les trois pitres, trois petits tours et puis s'en vont. Au début, ils gagnent trois fois rien, et c'est même divisé par trois, c'est rare qu'on mette beaucoup d'argent sur le compte d'un tiers. Ils coupent la poire en trois, font d'une bière trois coups, s'entendent comme les trois doigts d'une main de Maurice Herzog... (encore un inconnu notoire, qui a laissé des plumes et quelques doigts au sommet de l'Annapurna en 1950). Oh, les Inconnus ne restent pas longtemps à bouffer des triftecks et de la vache enragée. En trois temps trois mouvements, ils passent aux trois étoiles, et c'est la « triplette de belle vie » ! Trilogues mémorables, tritures historiques (la triture est à trois ce que la biture est à deux...), triomphe retentissant, ça déménage à trois, succès assuré. Au tiers ! Le public ne crie pas « bis », mais « ter » ! Bernard Campan est membre à part « en tiers » d'un monstre à trois têtes, triteratop's modèles du show biz, « le bon Bourdon, l'abruti Legitimus et le Campan » « Marius Legitimus, Fanny Campan et César Bourdon », « Brahma Bourdon, Pascal Vishnou et Ziva bouffon ! »... Mais il n'est pas vraiment chez lui. Il n'est locataire que de 33% d'un cocon douillet, âme bouillonnante d'un bonhomme tribendum, bras agité d'un troïka-lamar géant du fond des mercenaires du rire, carte maîtresse d'un brelan de rois, Melchior en or d'un trio brio de rois-images...

Pendant vingt ans, Bernard Campan, calé sur son triporteur, suit le cours des astres. Bélier, il a son soleil dans le trigone de Triton, sa lune dans le bourdon,

Uranus et Vénus dans le Legitimus. Il suit sa bonne étoile qui est au zénith, ou peut-être à Bercy. Période faste, une vie au triple galop, quand y'en a pour trois y'en a pour trois ! C'est la triple entente, ça tombe bien, ils sont tous les trois trisexuels ! Ils sont les rois, mais c'est leur producteur, Paul Lederman, qui tient les rênes... C'est lui le proprio du trois-pièces ! Les trois tiers sont trépieds et poings liés par un contrat malin. Ils se sentent à l'étroit. Petits soldats inconnus au bataillon ! Lederman garderait bien les trois poulains de son tiercé gagnant. Il est vorace, mais les Inconnus sont coriaces. « Que vouliez-vous qu'il fît contre trois ? » Les roues du tricycles tournent, les Inconnus se séparent. Et puis Bernard Campan n'allait tout de même pas passer sa vie en tiers... Finir au troisième âge, triple buse et triple menton, simple contribuable payant ses tiers provisionnels, avec vue imprenable sur un tiers de caveau dans un cimetiers... Et cette étiquette de « comique » imprimée en lettres grasses sur le front ! Lui qui rêvait, gamin, d'être Gérard Philipe ! Vous imaginez, Gérard Philipe sous une perruque blonde en train de hurler « Stéphanie de Monaco » en écrasant son buzzer ? On ne peut pas avoir une liberté pleine et en tiers, il fallait tenter sa chance en solitaire.

Il arrive un moment où l'on se retrouve face à une trifurcation. Un âge où l'on se met en quarantaine où l'on tombe sur un regard neuf qui vous pousse Zabou... qui vous force à vous souvenir des belles choses. Bernard Campan mute. Il s'émancipe, il sort de son cocon. Le siamois retrouve son moi, son intégrité. Il se sent poids léger. Qu'on se le dise, dorénavant, Bernard Campan voyage en single. Il joue en solo, en Suisse, dans un orchestre de chambre individuelle, il fait cavalier seul et bande à part. Il est passé de la Formule 3 à la Formule 1, du trimaran, tri-rigolo, au mono-zigotto, monocoque et monoplace. Fini les lits à trois places, les costumes trois pièces, fini l'aire tertiaire, c'est de la préhistoire...

Guillaume Canet

Hippo-thèse

Si Guillaume Canet n'était pas tombé de cheval, il ne ferait pas du cinéma aujourd'hui. Il serait à Dinard, La Baule ou Fontainebleau, à sauter des haies, faire le mur, et le tour des barres d'obstacle, un cheval entre les jambes, et une casquette sur la tête.

L'avantage du cinéma sur le cheval, c'est qu'une chute de pellicule est moins dangereuse qu'une chute de cheval. Sur le film *La Plage*, Guillaume Canet fut plusieurs fois victime d'unc chute de pellicule, il s'en est très bien remis.

Monter un film ou monter un cheval, qu'est-ce qui est le plus difficile ? Quinze heures à la table de montage sans aller à la selle ? Ou quinze heures de selle à tourner, tourner, tourner…

Il paraît que le meilleur étalon du monde se prélasse dans un pavillon à Breteuil. Son instrument, qui mesurerait, d'après les spécialistes, pas loin de cent centimètres en érection, serait une référence en la matière !

Un cheval châtré s'appelle un hongre. Un magasin où l'on ne trouve que des chevaux châtrés s'appelle une hongrerie. Dans le film *Narco*, la femme de Guillaume Canet tient une onglerie. Elle coupe les ongles. On ne peut pas couper un hongre, c'est déjà fait.

Une onclerie est un magasin où l'on coupe les oncles. Si l'on coupe un oncle, il devient une tante.

Le fils de la sœur de Jésus avait un oncle incarné.

Le cheval est un mammifère ongulé. Et parfois, malheureusement, un mammifère engueulé. On dit alors qu'il est monté par un bourrin. Pour bien monter à cheval, il faut avoir le sens de l'équidé...

Si l'on possède un seul cheval de course et qu'il meurt, ça n'est pas très grave ! On ne perd qu'un pur-sang de son patrimoine

Si un cheval déprime, il faut le confier à un spécialiste. Lequel peut refuser. On dit alors qu'il oppose son droit de veto. Vous pouvez alors essayer des remèdes de cheval. Mais rien de tel qu'une femme pour soigner un cheval déprimé : une écuyère matin midi et soir, et il n'y paraîtra plus !

Au restaurant, on peut très bien renvoyer un cheval parce qu'il est bouchonné.

Le Saint-Siège aurait dû s'appeler la Sainte-Selle... D'ailleurs ne dit-on pas l'écurie romaine ?

Les chevaux nippons sont petits. Si jeunes et déjà poneys...

L'impératrice d'Autriche montait à cheval. Sissi ! Catherine Deneuve, je ne sais pas. Catherine Deneuve a néanmoins tourné « Mes yearling » !

Un parasite courant du cheval s'appelle le strongle. C'est un ver responsable de la strongylose. Un magasin qui vend des strongles est une stronglerie. À ce propos, vous pouvez faire du cheval même avec une mauvaise vue. Il suffit de prendre un cheval qui a la strongylose. Ainsi, vous aurez la monture et les vers !

Ce n'est pas en droguant un cheval qu'on en fait un crack.

Le cheval doit avoir de bonnes pattes pour participer à une course. Pareil pour le turfiste : il doit même avoir des favoris.

Si une jument a des jumeaux, elle les nourrit très facilement : quand y en a poulain, y en a poul'autre !

Une haridelle est un mauvais cheval maigre et efflanqué. Un proverbe turfiste dit : l'haridelle ne fait pas le partant.

Le cheval est un animal excrément prolifique : quand y en a pur-sang, y en a purin !

Guillaume Canet est né en 1973, à la grande époque hippique. Ses parents étaient d'ailleurs des inconditionnels du mouvement hippique.

Stéphane Bern fait-il du cheval ? Non. Pourtant, à une certaine époque, il tenait les reines.

Le cinéma et le cheval sont très liés : *Le Fabuleux Destin d'Amélie Poulain*, *La Vérité si jument*, *Pouliche Python 357*, *Étalon aiguille*.

Si l'on coupe un cheval avec une ânesse on obtient un bardot. Un âne avec une jument : un mulet. Un cheval avec une chèvre, du crottin de Chavignolles.

Guillaume Canet voudrait revenir à ses premières amours : il rêve de jouer un fumier.

Le cheval a un cri particulier : il hennit. Comme Escudero.

Pour un propriétaire, gagner le grand prix d'Amérique rapporte beaucoup de chevaux fiscaux.

On dit qu'à Donrémy, Jeanne d'Arc gardait les moutons. Peut-être. Mais elle surveillait aussi l'écheveau.

Autrefois, le bidet était un cheval que l'on montait à cru.

Hippodrome vient du grec hippos, cheval, et dromos, course. Attention liposuccion ne veut pas dire sucer un cheval. Et syndrome, course de tétons.

Le cheval est herbivore mais une boucherie peut être chevaline. Il y a d'ailleurs en France deux types de boutiques où l'on peut trouver du cheval : la boucherie chevaline et le Bartabas.

Un cheval narcoleptique ne peut participer qu'à un seul type de course : le steeple-chaise longue.

Le cheval est la plus noble quéquette de l'homme.

Le temps est une jument qui ne se repose jamais. Une trotteuse…

Cette chronique équestre est dédiée à Guillaume Canet, tombé jadis au Longchamp d'honneur.

Jean-Pierre Cassel

Davy Claquettes

Élevé sous l'aile de Saint-Germain-des-Prés, patron des caves, du jazz et des noctambules, Jean-Pierre Cassel fut longtemps pilier de baratin, dragueur de minois, tangueur de caniveau, sauteur en langueur. Maintenant que le temps lui a repeint le haut du crâne en blanc, que le macadam de ses joues ondule dangereusement, maintenant que sa mémoire s'offre un lifting en trois cents pages, voilà qu'on nous ressort l'image d'un Jean-Pierre Cassel anglo-saxon, dandy british calme et posé.

Posé où ça ? Sûrement pas où on l'attend, il n'aime pas ça. Posé ! Vous l'avez vu posé, Cassel ? On pose une moquette, un papier peint, une première pierre. Un peu de colle, de ciment et ça ne bronche plus ! Cassel posé ! Autant imaginer un électron tétraplégique, Fogiel dans un monastère ou Vincent Lindon impassible ! Poser Cassel ! Regardez ses souliers : ils ont la bougeotte, la danse de Saint-Guibole, la mélodie de Parkinson, ils ne restent jamais en place, ah, les vernis ! Pour poser Cassel, faudrait lui planter des clous dans les croquenots, le crucifier sur le plancher des vaches. L'assurer comme un mât de bateau avec des haubans et des élingues. Même quand il chante, Cassel ne se plante pas devant son micro, Cassel ne chante pas, il piaffe ! Il guinch-bourg. Pas question de traîner sur du Trenet, de faire le poireau sur Nougaro, quant à pousser la voix sur du Ferré, c'est toujours en TGV, en Très Grande Volupté !

On dit : « Jean-Pierre Cassel, c'est un charmeur, y'a pas à tortiller ! » Mais si, avec Cassel, y a toujours à tortiller, à chalouper, à tricoter des gambettes, à palpiter de la culasse. Cassel, c'est un Astaire-oïde, un colporteur de swing qui connaît son be-bop Parker, un Duke-box, un va-t-en-Gershwin élégant, pinté au Gin-Kelly, avec ses crises de Gillespie et ses envies de Basie… Jean-Pierre Cassel a les pieds sur terre, certes, mais il ne rêve que de s'envoler. Et d'embarquer les gens avec lui, les faire swinguer sur un nuage. Il aime la légèreté, il se fait bulle de salon, plume de pantin, cheveu d'enjambée… et s'il s'emmêle les pinceaux, c'est avec grâce, avec Cassel, même les nœuds sont papillons. Il envoie ses trois quarts de quintal dans les airs, oh, pas très haut, à quelques centimètres du plancher, et pas très longtemps, le quart de seconde où ses deux pieds ne touchent plus le sol. Et là, entre deux airs, il est un merveilleux fou volant dans ses drôles de godasses…

Chez lui la musique, comme la chanson, est un phénomène physique, c'est un tremblement de nerfs, force sept sur l'échelle de Parker, un glissement de ses reins, une éruption vocalique, une tempête de sabots, un raz-de-jarret : le bassin se déhanche, la hanche se dévisse, les bras valdinguent, les doigts claquent, la tête balance, la musique coule dans le sang, ça tangue jusque dans les globules. Offrez-vous le Ritz, le rythme, le riff et la rime ! Cassel a le pied beau, c'est un farceur piéton, un petit caporal épinglé de deux fers à cheval sous les chaussures. Il roule en panard. C'est un coureur de fonds de godasses, sportif à la petite semelle…

Ce n'est pas un danseur professionnel, collé à sa barre nuit et jour, non, lui est comédien, alors il interprète le rôle du danseur, et c'est du cousu pied ! Jean-Pierre Cassel, c'est une sorte de Davy Claquettes, le roi des tappeurs ! La musique, il s'en *tape dance*, il rappe le sol, il claque des pieds, il chausse-trappe, comme un malade (les claquettes, c'est une maladie qui s'attrape par les pieds, une passion qu'on garde toute sa vie, chevillée au corps). Cassel, il a un vrai talon de comédien, c'est une pointure. Il paraît qu'il s'entraîne seul devant son miroir : tous les matins, il s'arrose la plante du pied devant la glace. La glace de Cassel, c'est son miroir aux silhouettes, un miroir qui a bien un petit côté rétroviseur (les mauvaises languettes disent que Cassel chausse du soixante, les années soixante, pas la pointure), mais un miroir qui est d'une honnêteté exemplaire, il ne fait rien miroiter à l'artiste. Comme tous les miroirs, poli, et avec beaucoup de courtoisie, il s'applique, c'est tout. Il a le tain lisse, qu'il soit 3 heures du matin ou 5 heures du soir. Il réfléchit scrupuleusement, mais il se marre pendant que l'autre se mire. Pendant que l'artiste, impatient, fébrile, fait les cent pas, flap, slap, stamp, stomp, step… Cassel, à pied d'œuvre, cuir échevelé, œillet brillant, boucles serrées, caresse la terre, petites tapes amoureuses, perpétuellement en lacet, avec de la musique qui lui sort par les orteils.

Cher Jean-Pierre Cassel, vous ne vous prenez pas la tête. Comme tout un chacun, vous savez que vous n'êtes qu'un arpion sur l'échiquier… mais quand même ! Si d'aventure vos pieds consentaient à toucher le sol, à y laisser leurs empreintes, nous, on se glisserait volontiers dans vos traces !

Claude Chabrol

Le maître-cut

Attention, Claude Chabrol est un toxicomane. Le récipiendaire de cette chronique est un récipient d'air vicié. Il fume la pipe, sniffe de la pellicule, et se shoote au bœuf gros sel ! Il se brosse le tuyau à l'écouvillon, tire sur la caméra à pleines inspirations, repeint les nappes aux couleurs des saveurs, les écrans en technicolor et ses poumons au carbone, il a les artères goudronnées, la veine cave à vins, et les vaisseaux brûlés. Il aspire au bonheur et à l'alcaloïde du tabac, dix mesures de carbone, pour quatre mesures d'hydrogène et deux d'azote, T-bone, hydromel et risotto. C'est une cheminée, oh !, pas de marbre, une cheminée qui ronfle, qui tire, toujours sur la braise, il va au charbon. Il a l'œsophage en tuyau de pipe, et, tous les fumeurs de pipe vous le diront, on ne nettoie pas une pipe à l'eau ! Un solvant liquide à base d'alcool suffit, s'il est de Bordeaux ou de Bourgogne, c'est encore mieux.

Claude Chabrol se laisse caresser le palais par la fumée, toujours d'une grande tendresse alcaline, et par la sole meunière ou le cuisseau de chevreau. Il s'arsouille le buccal au phénol, le bocal au frivole, il a la muqueuse moqueuse, c'est un psychotique de la nicotine et de la ballottine de foie gras ! La pipe est une religion, avec ses rites et ses dogmes, d'ailleurs, le grand plaisir du fumeur n'est-il pas de curer… encore et toujours ? Toujours prêt à sortir une bonne blague, Chabrol débouche les vins, colmate ses alvéoles au bitume, se biture aux travellings, exhale du brouillard, et si ses pipes ont la virole, lui pète la santé. Il fréquente les plateaux de fruits de mer et de cinéma, pratique la fondue aux trois fromages et le fondu-enchaîné, s'éclaire aux projecteurs, puise la lumière dans le fond des gamelles et des casseroles, les aspirations du fumeur rejoignent celles de l'artiste : il ne tourne pas, il crapote, il mâche, il rumine, il ronge, il savoure. C'est un bon vivant qui aime la braise, le cinéma incandescent, la crème brûlée, il a du culot, des projets dans ses tuyaux, des sujets plein les boyaux, des budgets pour ses studios. Il peut être à la fois au fourneau et au moulin à paroles, il divorce d'avec ses femmes, mais jamais avec sa pipe, même si régulièrement il fait le vide dans le foyer ! Bien sûr il la ramone un peu ; son cul de pipe, il le calotte, le décalotte, il le bourre, le débourre consciencieusement, même s'il aimerait mieux bourrer les salles…

Quand il a débuté dans le cinéma, on l'a régulièrement fourré au frigo, alors il se protégeait avec du film alimentaire. Hélas, autrefois, la pellicule était au nitrate d'argent, aujourd'hui elle n'est plus qu'à l'argent ! Chabrol a le goût des farces, il vit sur un grand pied paquet, il sauce du 45. Son boucher aime la viande fraîche, c'est un assassin, son poulet est au vinaigre, son coq au vin et son civet de biches. Un verre de gentiane, deux doigts de Jean Yanne, un Michel Bouquet garni, une larme de Poiret, après le repas Nathalie Baye, et hop ! Une petite sieste ! Le sang coule, le jus de pipe dégouline, le vin roucoule. Hémorragie, tabagie, magie. Mixage au mixer, découpage de la volaille et du scénario, une pincée de sel, une pincée de tabac, une pincée de musique, Chabrol frotte une pomme-allumette et laisse mijoter. Il promène sa flamme sur le tabac (il a promené jadis sa femme sur les écrans), s'offre la bouffe et la bouffée, le fumet et la fumée, le show-biz et la pipe-show, l'art de fumer et lard fumé. Un filet de voix capté par la perche bancale, un filet de perche ingurgité par la voie buccale. Il brûle la vie par les deux bouts, la trachée et le côlon, mais ne brûlera jamais le bois du fourneau de sa pipe ! Il consomme le tabac, plante de la famille des solanacées, comme l'absinthe, la belladone, le datura, la mandragore et l'aubergine… de quoi s'empoisonner l'existence !

Il sait par tous les temps conjuguer le verbe humer : j'allume, tu humes, il consume, nous parfumons, vous embrumez, ils fument. Pipe d'écume posée jadis sur une Nouvelle Vague, écumoire pour une nouvelle cuisine, feuilleté de Truffaut, crêpes flambées au Rohmer et Rivette de thon arrosées d'un petit Costières-du-Godard, c'est un gourmet de cinéma qui met les petits plans dans les grands. C'est un maître-cut qui pratique l'art cinématogastrographique, les deux pieds sous la table de montage, sa femme fait la script, son fils fait l'acteur, l'autre fiston la musique, et papa fait chabrol, il mélange la soupe et le vin, même s'il a laissé tomber la daube et s'il a toujours mis sur le gril de belles brochettes de comédiens. Il a du bromure dans la gélatine, du saumur dans la bobine, et de la fumure aux babines.

Avec sa pellicule roulée sous le bras, en forme de galette, et sa pipe au bec, Claude Chabrol a de la contenance : c'est un type entier, ni bock ni demi, il est parfait comme un litre de bière, sérieux comme deux litres de bière et formidable comme trois litres de bière ! Mes respects, mon Caporal, tiens, drôle de grade pour un tabac, alors qu'on ne le goûte qu'en l'aspirant !

Robert Charlebois

Professeur de malt

Charlebois, c'est le « nègre blanc » des Laurentides, il se dit « indépendantriste » ou « ego-logiste », frisé, flyé, il chante à cœur joual, il nous chante Sontréal, ses aurores montréales, implorant son Saint-Laurent, c'est un chanteur de Cartier, on ne lui clouera pas le Québec de sitôt ! C'est bien simple, quand Charlebois débarque, le Québec nous envahit : il n'est pas encore né, le Charles Martel qui arrêtera les érables à Poitiers ! Si on lui dit Poutine, il ne vous sert pas un président russe, mais des frites, mélangées à du Gouda avec une sauce barbecue ! Ils sont fous, ces Québécois !

C'est rien qu'un homme ben ordinaire, mais il a quand même tout fait, le bûcheron Charlebois : du rap de mélèze, du funk de conifère, du swing de bouleau, du zouk de caribou, du raï de goéland, du chaos-jazz, de la pop sirop d'érable, du country de bleuet, du folk de grand lac, du rock de toundra, du groove de motoneige, du heavy metal de blizzard, de la rumba de Gaspasie, et même de la soupe de « bubble-gum » prémâché avec Plamondon et Barbelivien. Charlebois, c'est la cathédrale des « charts », qui fonctionne à l'adrénaline du plaisir, il a le show dans le sang, et le fun dans les poumons. Son meilleur ami, c'est un piano, un piano honnête, droit, avec sa belle ligne de touches, des dents en ivoire, des notes en tenue de soirée noir et blanc, des cordes tendues comme une arbalète, prêtes à vibrer tout leur soûl. Charlebois s'envoie en l'air avec son piano, il lui fait les yeux rondes, ils partagent sur le pouce et les autres doigts des bottes d'arpèges, tous deux sont poly-gammes, ils pondent des portées et des portées de notes qu'ils recopient sur du papier d'harmonie. Charlebois et son piano, c'est pour ainsi dire « un génie, deux associés, et plein de croches »…

Depuis quelques années, Robert Charlebois prend la clé des chansons, et se met en congé de mélodie. On le voit par intermittence par chez nous. Que fait-il de ses journées ? Eh bien, Robert Charles… boit ! Et il brasse ! C'est pour ainsi dire la face cachée de Lindbergh ! Oh ! son truc, ça n'est pas le Canada Dry ! Car s'il vous parle de sa blonde c'est de son amoureuse qu'il s'agit, mais s'il vous parle de ses blondes, c'est sur la bière qu'il achoppe ! Il est le plus belge des Québécois, véritable leffomane, il aime les bières trapézistes, qui vous mettent la tête en bas, les bières sur lie, dites mousses de couette. L'abbaye ne fait peut-être pas le moine, mais elle fait la bière.

Robert Charlebois est tailleur de bières, champion de bock, il a la veine cuve et une drôle de bibine, il fait dans la demi-mesure, c'est un fieffé fermenteur, un donneur de moût, grimpeur impénitent, il part à l'assaut des cols de mousse, il a les cheveux houblons, c'est un birologue a-fermenté, professeur de malt, soutien d'orge, il démarre au quart de tourbe, il élève des canettes, il court plusieurs levures à la fois, c'est un spécialiste de solfège brassicole : une bière blanche vaut deux bières noires ! Harmonie des arômes, il alterne pot de bière et pot de chanvre, pot belge et pot québécois. Il paraît même qu'il fait tirer son traîneau par six whiskys à la jolie fourrure ambrée ! Sa devise : Saint-Laurent oui, colorant, non ! Politiquement, ses bières sont plutôt de gauche, sans conservateur. Des bières bourrées de vitamine C, la vitamine Charlebois. Pour Charlebois, les sept péchés capiteux sont : la Blanche de Chambly, la Raftman, l'Eau Bénite, la Fin du monde, la Maudite, la Don de Dieu et les Trois Pistoles.

Cher Robert Charlebois, la vie ne fait pas que des Cartier, quand il faudra jeter définitivement l'encre et le papier, régler les dernières notes et les derniers soupirs, ce que je ne vous souhaite que pour le prochain millénaire, on vous posera dans une de vos bières, au choix, avec faux col et robe blanche, on la baptisera la Charlebois, une bière qui chante, une bière en bouteille, une bière qui bulle, de celles qu'on garde dans un coin du frigo, pour l'apéro, entre copains.

Edmonde Charles-Roux

Le tour d'Edmonde en 80 lignes

Edmgnde Charles-Roux…

Mais par où commencer ? C'est un véritable labyrinthe ! Trouver le fil d'Ariane, le fil d'Edmonde. Edmonde Charles-Roux est pire qu'un dictionnaire, c'est un feuilleté d'histoire, un concentré de sens, de l'essence de sens, on s'y perd, on se noie dans le siècle, le dernier ou l'actuel, c'est une anthologie, un manuel de savoir-penser, de savoir-écrire, une bibliothèque, un futuroscope. Comment vais-je m'y prendre ?

Tant pis, je me lance. Bon, démarrons au hasard : Coco Chanel… Alors, Coco. Coco… cocker, cockpit, cocktail… ah, coco : familier et péjoratif : communiste. Voir Aragon. Je tiens une piste. Aragon, le résistant et patriote. Donc, résistant : crayon à lèvres Chanel, souple et très résistant. Chanel, je tourne en rond. Essayons à résistance. Ah, voilà : Edmonde Charles-Roux entre en résistance en 1940 en aidant les communistes de la main-d'œuvre immigrée. OK, main-d'œuvre immigrée, FTP… Partisans… partisans… chant des partisans. Maurice Druon, voir Edmonde Charles-Roux. Bon, c'est l'impasse.

Essayons chant, musique. Edmonde Charles-Roux a reçu une éducation musicale et se destinait à faire carrière dans le chant et la musique. Tiens donc ! Musique… musique, partition, partition, racisme, antiracisme, voir Edmonde Charles-Roux ! Je m'en doutais ! Revenons à musique… croche, double croche, triolet… Elsa Triolet… voir Aragon ! Et voilà, on y revient… Aragon, communiste, oui, ça je sais ! Voir Paul Eluard. Paul Eluard… Edmonde Charles-Roux dit : « C'est Paul Eluard qui m'a présenté Derain. » Très bien. Alors voyons qui est ce Derain… Derain… Debré, Deferre, de Gaulle, Ah, Derain… André Derain, peintre. Peinture, peinture à l'huile… huile de coude, huile Derain, oui, ça c'est pas très malin… huileries de Marseille, savonneries, grande bourgeoisie dont Edmonde Charles-Roux est issue. Tissu Chanel… c'est pas possible, y'a du Chanel partout ! Tissu… jersey… jersey… Channel Island… Je n'en sors pas !

Revenons à Elsa Triolet… Triolet, première femme à avoir obtenu le prix Goncourt. Goncourt… Voir Edmonde Charles-Roux. *Oublier Palerme*. Sicile. Citron de Sicile, dans l'eau de toilette « Pour Monsieur » créée sous l'impulsion de Chanel en 1955. Chanel, oui, ça j'ai compris. Je reviens à Goncourt… Académie… Académiques… palmes… palmes, canard, canard… journal !

Journal de guerre. Voir Edmonde Charles-Roux. Infirmière pendant la guerre. Ambulance lourde. Lourdes… miraculé… Chevènement. Voir Edmonde Charles-Roux, présidente du comité national de soutien à Jean-Pierre Chevènement. Alors présidente… président… Mitterrand, Edmonde Charles-Roux déclare dans une interview: « Touche pas à Mitterrand ! » Très bien, j'y touche pas… Mitterrand… De Gaulle… général… De Lattre.. de Tassigny, Edmonde Charles-Roux, attachée au cabinet de Lattre… pas idolâtre, de Lattre ! Résistance…. encore ! Alors revenons à Journal… Elle… Qui « elle » ? Edmonde ? Non, *Elle*, le journal. *France-Soir*, *Vogue*. Courriériste. Pas carriériste. Rédactrice en chef. *Vogue*. Mode. Mode, Chanel. C'est pas possible, cette passion pour Chanel !

Essayons autre chose : je reviens en arrière… Chevènement… Mitterrand… les huiles… Ah, Derain… alors Derain. Matisse, Vlaminck. Les Fauves. Parfait ! Les fauves : Voir PS, région PACA. Succession de Deferre. Quel pastis ! Pastis… eau de Provence, Provençal… politique, pouvoir. Pouvoir, non, là, fausse piste, pas d'Edmonde Charles-Roux ! Revenons à Derain… l'âge d'airain. Rodin. Ne pas confondre Rodin avec Gaudin. Pas les poêles Godin, Jean-Claude Gaudin. Edmonde Charles-Roux déclare : « Gaudin, il est gentil mais inculte. » Je m'éloigne du sujet… revenons à l'âge d'airain… l'âge de fer… Deferre Gaston. Tiens, je l'ai déjà croisé, celui-là… Ah, là, je crois que je tiens quelque chose… Deferre, Marseille, la bonne mère. Edmonde ? Non, Edmonde Charles-Roux n'a jamais été mère. Elle a usé du droit fondamental : le droit de dire non. C'est sa marotte. Gaston Deferre, mariage…. Elle a dit oui. Mariage église. Croyante. Je reviens à Mairie, Deferre, le bon maire. Trente-six ans sur le même siège. C'est ce qu'on appelle un siège injectable ! Injectable… Piqûre, infirmière. Oui, ça c'est un peu tiré par les cheveux… alors siège. Saint-Siège, Vatican… ambassadeur, voir François Charles-Roux, père d'Edmonde. Ambassadeur au Vatican. Ambassade… Prague. Prague… Mozart… Mozart… Aix-en Provence. Festival... Edmonde Charles-Roux, et je retombe sur Présidente ! Présidente de l'académie Goncourt. Présidente des Amis de l'Humanité. Journal. Communiste. Aragon, oui, ça j'ai bien compris !

Humanité. Ce qui manque le plus dans ce bas monde, l'humanité. Et voilà, on croit tenir Edmonde Charles-Roux dans une case et son esprit est ailleurs… tailleur Chanel. L'irrégulière. Qui, Chanel ? Edmonde ? Rebelle… elle ne rentre pas dans les cases. Réfractaire. Construction. Une vie, brique par brique. Réfractaire. Réfractaire… voir Coco Chanel, voir Isabelle Eberhard, bref, voir Edmonde Charles-Roux... Je le savais ! C'était impossible : on ne fait pas le tour d'Edmonde en quatre-vingts lignes…

Marie-Anne Chazel

Veni, vidi, vicissitude !

C'est difficile d'être heureux.
Je dirais même que c'est plus facile d'être malheureux.

Quoi de plus simple que le malheur ? Le malheur, c'est une voie rapide, une autoroute, on s'engouffre là-dedans pare-chocs contre pare-chocs, on dirait les grands départs en violences, avec bison feinté et bande diarrhée d'urgence. Cet été, visitez les gorges de la dèche !

« La dèche, située entre la viandée du neurone et le passif central, un département qui depuis de nombreuses années a développé une apathie principalement basée sur l'inactivité traumatique. La dèche possède une diversité et une richesse de ratages, de cacas, et de marasme qui en font un refuge idéal et inégalable pour les amoureux de la planture. La dèche est l'état de prédilection pour des violences affectives : camouflet-arnaque, vacuité, tournantes, débandades, pédophilie, ou simplement l'inanité journalière. Le plein de stagnation et d'anesthésie assurée. Pour profiter de moments plus calamiteux, nombreuses sont les tuiles prêtes à vous tomber dessus, et au travers des différents bides naturels et nausées périphériques vous pourrez vous vautrer avec neurasthénie dans l'inconsistant. »

Le malheur, c'est un boulevard ! Alors que le bonheur c'est un cul-de-sac, une impasse, une voie sans issue ! C'est jamais indiqué sur les plans, de toute façon, il n'y a pas de place pour se garer, c'est truffé de sens interdits et de plages privées, t'as pas accès à la mer. Si la réussite pointe le bout de son nez, on te glisse des peaux de banane sous les pieds. Des peaux de banane, dépôt de bilan ! Déficit, oui, des satisfecit, non ! Notre devise : « veni, vidi, vicissitude ! » On joue à quoi ? Aux échecs, échec, mat et audimat ! Et si par hasard on fait une réussite, on appelle ça une patience, autant dire qu'il faut avoir du temps devant soi ! Le bonheur ne fait pas recette… Tandis que le malheur !

Ah ! Le bon gros malheur bien saignant sur l'étal du boucher ! On rafle la mouise, on enfile son habit de panade, une bonne déculottée, une paire de scandales, ou des pompes funèbres, on prend une veste (il y a toutes les tailles !), on est à l'étroit dans sa peau de chagrin, on fait ceinture, on coiffe un chapeau claque, on avale des tartines de déconfiture, on grignote des petits fours, des bides cinglants, on s'éclaire au fléau ! Entre la poisse et le naufrage, on boit le bouillon jusqu'à l'hallali, des tisanes de déveine, on met la déchéance de son côté, les enfants jouent à la disette, deuil pour deuil, chiendent pour chiendent. La guigne, c'est la crise sur le gâteau ! Le malheur, c'est le cirque z'avatars… avec cyclones, raz-de-marée et désillusions. C'est la télé en douleurs ! Avouez qu'à la télé, les gens qui se réjouissent, qui s'égaient, qui s'ébaudissent, qui sont allègres, c'est de plus en plus rare !

Qu'est-ce qui est naturel ? Le malheur, pas le bonheur ! On dit catastrophe naturelle, on ne dit jamais bonheur naturel ! Tremblement de terre en Algérie : 2 000 morts en vingt-quatre heures ! Ça c'est une catastrophe *naturelle !* On n'entendra jamais : bonheur naturel dans un quartier de Paris : 2 000 naissances en vingt-quatre heures ! Le bonheur est un OGM. Un Orgasme Généralement Magnifié. La catastrophe est naturelle, le paradis est artificiel. Le bonheur, c'est comme l'ecstasy : c'est un produit chimique de synthèse : alcool éthylique, chlorure de Te Deum, acide astrologique, anhydride sulfureux. Le bonheur habite au septième ciel, jamais au rez-de-chaussée ! Bien sûr, la sincère est toujours en panne. Il y a un écriteau sur la porte : « Prière de vous adresser à la déception ! » Il faut monter à pied ! Tandis que le malheur, lui, il est au trente-sixième dessous, ça descend tout seul ! À la rigueur tu prends la censure. Et si la censure est en panne, tu prends l'escalier des sévices. Arrivé au fin fond, tu peux toujours t'accrocher pour remonter la pente !

Dans la vie t'as deux solutions : ou bien tu grimpes aux rideaux, mais faut avoir des rideaux, ou bien tu grimpes à l'échelle de Richter. Et alors là, gare au séisme : le 25 décembre tombe un 11 septembre, le sapin est un épineux, on a les boules, on crèche sur un carton, les cadeaux sont empoisonnés, les enfants sont enguirlandés, la bûche est retentissante, et le Père Noël est une ordure !

Louis Chedid

Il y a de l'amour dans l'air

Ça gaze, les amoureux ?

L'amour flotte dans l'air, comme un gaz. Contrairement à l'argent, il n'est pas palpable. Il est expansible et occupe tout l'espace qu'on veut bien lui laisser. Il répond aux lois de la physique et de l'alchimie. Il y a des gens inconscients qui respirent l'amour.

L'amour est un gaz rare ! Qui s'apparente à l'hélium : un homme ou une femme gonflé à l'amour est tout d'un coup plus léger que l'air. Défiant les lois de la pesanteur, il a tendance à s'élever dans le ciel.

L'amour est euphorisant : c'est un gaz hilarant !

Certains pensent qu'en présence d'amour il faut se calfeutrer. Boucher toutes les issues. Pour empêcher les fuites. Oui, mais l'amour a besoin d'air : si vous enfermez deux amoureux dans un petit deux-pièces-cuisine, assez vite l'amour se raréfie, et l'atmosphère devient irrespirable !

Parfois, avec le temps, l'amour se solidifie. C'est très beau à voir. Il forme des petits cristaux brillants, des bijoux d'amour.

Au début, on se nourrit d'amour et d'eau fraîche, c'est eau et gaz à tous les étages ! Rien que du naturel ! On est dans un état second, un état gazeux ! Ça pétille, c'est plein de bulles, c'est champagne pour tout le monde ! L'amour est lumineux : un baiser, un bécot, un bec, un bec de gaz ! Les amoureux sont dans leur bulle. Ils parlent avec douceur, légèrement, un délicieux gazouillis... ça gaze, les amoureux ?

L'amour est fabuleux, c'est un cheval ailé, un Pégase !

L'amour est un gaz inflammable, il est très volatil et s'embrase au quart de tour. Les amoureux aussi s'embrasent. Ils se déclarent leur flamme, ils flambent, ça illumine tout autour. Ce n'est pas encore le foyer, mais c'est déjà le bel âtre.

Comme les routiers qui transportent des matières dangereuses, les jeunes mariés transportant de l'amour frais, doivent mettre un signe distinctif sur leur voiture, un morceau de tulle blanc au bout de l'antenne radio. Cela permet aux automobilistes ne souhaitant pas être intoxiqués de garder leur distance de sécurité !

L'amour peut être dangereux. Irritations, asphyxies, incendies et tout le tralala. L'amour peut se révéler insoluble, même si l'on essaie de le dissoudre dans l'alcool !

L'amour, parfois, vous pète à la gueule. C'est le coup de grisou ! Ça rend la gueule noire, ça vous donne une mine défaite.

Pour ceux qui carburent à l'amour, il n'y a que l'embarras du choix : amour ordinaire, amour super, qui vous met les sens en éveil ; amour de vacances, petit camping-gaz et ses recharges amovibles ; amour deux temps, vite fait sur le gaz, ça pétarade de tous les côtés, ça réveille les gens la nuit ; amour fonctionnaire, l'employé du gaz passe une fois par mois pour relever les compteurs ; amour solitaire, vas-y mon vieux, agrippe-toi à la poignée des gaz ; amour compresse de gaze qui réchauffe et qui soigne ; amour fossilisé, il ne reste que quelques fumerolles mais, comme dit l'autre, on *peut voir rejaillir le feu d'un ancien volcan qu'on croyait trop vieux* ; amour qui sent le soufre, amour toxique, amour qui défraie les gazettes ; amour brut, amour raffiné...

Très souvent, le temps aidant, on finit par adopter l'amour diesel, ou le GPL, le Gaz Peinard Liquéfié. C'est économique, ça dure plus longtemps. C'est idéal pour les vieux couples, des couples première main, mais ils ont beaucoup roulé, ils ont un peu de mal à démarrer le matin en hiver, on a beau mettre de l'antigel, ça broute, ça fume, ça bringuebale. Vous pensez ! 250 000 kilomètres au compteur, au compteur à gaz... La carrosserie est nickel, bichonnée tous les dimanches au mirror. Le mari, bedonnant, est un brave gazier et sa femme, aux fourneaux, une gazinière, une bobonne de gaz. On a beau ouvrir les fenêtres, il y a une drôle d'odeur. L'amour s'est insinué dans les moindres recoins, les murs sont imprégnés. Alors le soir, c'est un peu de l'amour qu'on descend avec la poubelle, c'est un peu de l'amour en laisse qu'on va faire pisser... Il y a de l'eau dans le gaz, l'amour s'en va en laissant sur les parois du cœur du noir, collant et suintant, de la suie. À force d'avoir de la suie dans les idées, certains vont même jusqu'à se suicider… au gaz, évidemment ! D'autres se vident de leur amour, au fond d'un caniveau, comme un pétrolier qui dégaze en cachette. Comme si pour l'amour, comme pour le gaz, il fallait un jour payer la facture !

Cher Louis Chedid, excusez-moi, je me suis laissé emporter. C'est vos chansons, aussi ! On n'a pas idée de sniffer de l'amour nuit et jour, comme vous le faites ! Heureusement, chez vous, l'amour, si j'en crois la jaquette de votre CD, c'est un bouquet d'arums. Comme si vous nous disiez : « Tous les chemins de l'amour mènent arum » !

Élie Chouraqui

La paix se fait prier

Dans le livre d'Élie Chouraqui[1], la guerre joue à cache-cache avec la paix. Au décompte des points, c'est la guerre qui gagne : le mot *guerre* y figure 102 fois. Le mot *paix* 77 fois seulement. Il est vrai qu'on y parle beaucoup de la Deuxième Guerre mondiale. Un must dans le genre ! Mais pourquoi ne parle-t-on jamais de la deuxième paix mondiale ? La paix s'appelle souvent l'« après-guerre », la guerre ne s'appelle jamais l'après-paix. Même le petit Robert baisse les bras : *guerre*, nom féminin, lutte armée entre des États. Bon, ça c'est clair ! La guerre, ça se définit avec des armes, des États, c'est sans bavure. Voyons *paix* : nom féminin, situation d'un État qui n'est pas en guerre... voilà ! Pour définir la guerre, on n'a pas

1. *Le Sage et L'Artiste*, d'André Chouraqui et Élie Chouraqui, éd. Grasset.

besoin de paix, des armes suffisent, mais pour définir la paix, on ne peut pas se passer de la guerre, tout un symbole !

J'ai l'impression que la paix, les gens n'y croient plus guère. La paix ! Bien sûr, tout le monde la veut ! On se l'arrache, c'est la foire d'empoigne. La paix se vend à la criée. Grande braderie sur la paix ! Elle est Nobel, elle est tendre, elle est fraîche, ma paix ! Donnez-moi cent milliards d'euros et je vous rajoute, en prime, une démocratie clés en main, un système d'épuration flambant neuf, un musée de la guerre, et ce magnifique parapluie anti-missiles made in USA, du dernier cri de guerre, qui protégera votre paix contre toutes les agressions extérieures ! Tout le monde est pour la paix ! La coexistence est pacifique, les intentions sont pacifiques, l'utilisation de l'énergie nucléaire est pacifique, les représailles sont pacifiques, le pastis sans alcool est Pacific, même l'océan est pacifique ! Mais il ne faut pas s'y fier. C'est quand même un comble qu'il faille *militer* pour la paix ! *Militer*, du latin *militari*, soldat. On dit *désarmer* en un mot, et l'on entend deux mots : *des armées* !

Quels sont les symboles de la paix ? Le rameau d'olivier ! Même pas un arbre, la petite branche d'un arbrisseau ! L'olivier a peur : il fait de l'huile. Le calumet ? Fumer provoque des maladies graves. Et la colombe ? Un pigeon ! Le pigeon, symbole de la paix ! Un pigeon, un gogo, une poire, un naïf. La paix bat de l'aile. La paix se fait trouer la peau comme une tourterelle ! Ah ! elle porte beau, la paix ! Les chenilles des chars deviennent des nœuds papillons autour des tapis verts. Les pistolets sont à amorces,

amorces de négociations, amorces de dialogue, amorces de crise. La paix, ça devrait être un mariage, mais c'est comme un divorce : on sépare les belligérants, on signe un préavis de trêve, et, trêve de plaisanterie, un cessez-le-feu, puis un armistice et enfin un traité de paix avec un contrat, des règles de bon voisinage. Une paix à l'amiable.

Mais la vraie paix est sans-papiers. C'est la paix SDF, elle n'est plus en règle. Elle n'est plus la règle. Pour ne pas se faire prendre, elle se déguise en guerre. Comme la guerre, la paix rase les murs, à coup de bulldozer. La paix est fatiguée : de guerre lasse, elle se met à une table, oh ! c'est juste pourparler, pour parler de paix. Une table d'opération, un bloc opératoire. On ausculte la paix, on l'endort, on l'anesthésie, on la soigne. On la garde au lit, par précaution. La paix reste clouée dans sa chambre... chut ! La paix se repose. Non, aucune visite autorisée. Devant sa porte deux vigiles veillent. Et dans le congélo, on conserve la guerre froide. Au cas où...

Et, pendant ce temps-là, les enfants, engagés involontaires, jouent à la balle perdue, ils jouent la paix d'Oslo aux osselets, ils jouent au jeu des bombes à billes, à la bataille de rue, à la balle au prisonnier de guerre, au jeu de loi du talion, à l'adversaire-volant, au baby-foutre, au poker malheur, à la carpette, à la pétank de combat, aux crayons de douleur, au chagrin de fer, au roquette-ball, à char percé, à colin-mouroir, à saute-maison, à la quille ! Les petits soldats ne sont plus en plomb, mais en chair et en hosto, ils passent sur le billard, la peur les fait flippeurs.

À la guerre, après la revanche, il y a rarement la belle. C'est l'histoire d'un petit garçon palestinien : il a planté trois brins d'herbe, chez lui, à Naplouse. Il a entouré amoureusement ses trois brins d'herbe avec du fil de fer barbelé et il a posé devant son petit carré de verdure une pancarte : « Défense de marcher sur Naplouse ». En face, c'est une petite fille israélienne qui joue dans le jardin, escortée par quinze soldats. Elle a mis un masque à gaz à sa poupée.

Cher Élie Chouraqui, votre interlocuteur André Chouraqui, votre doute se faisant pressant, ne trouve qu'une seule réponse, page 97 : « Tes questionnements resteront à jamais sans réponse... restent le recueillement et la prière. » Eh bien, c'est cela ! Prions sur la tombe de la paix, prions le ciel qu'il ne nous tombe pas sur la tête. Prions ! Voilà. La paix se fait prier. La paix est priée de faire la queue, comme tout le monde ! M. Sharon et M. Arafat prient la paix de bien vouloir assister aux obsèques de son processus, enterré ce jour, sous un peu de terre promise, au cimetière des oliviers. Un lâcher de colombes aura lieu à 17h30. Tenue correcte exigée. Port d'armes conseillé.

Danielle Darrieux

L'insolence du braconnier

Est-ce qu'il y a quelqu'un qui a manigancé tout ça, qui a passé une commande, qui a fait les plans ? Est-ce qu'il y a quelqu'un, là-haut ou là-bas, qui s'est dit un matin : et si on faisait une partie de pétanque ? Avec ses copains, ils ont lancé le cochonnet, c'était le soleil, et puis ils ont lancé les boules. Bon, celui qui jouait la Terre n'a pas fait le point. Heureusement pour nous ! Nous serions grillés à l'heure qu'il est. Non, il s'est approché à bonne distance du cochonnet, juste de quoi avoir chaud l'été et froid l'hiver. Il a eu du nez ! Les autres, les petits malins, ne sont pas très fiers : celui qui a gagné, il a eu deux points avec Mercure et Vénus ! Il a gagné quoi ? C'est irrespirable sur Vénus et Mercure ! Mercure, le Dieu du bobo et Vénus la déesse de l'amour. La déesse de l'amour ? 96% de dioxyde de carbone et d'acide sulfurique, tu parles d'une gueule d'atmosphère ! Tu m'étonnes que les amoureux aient parfois besoin de respirer. Et je ne parle pas des gros patauds qui jouaient Jupiter ou Pluton ! Glacial, l'ambiance sur Jupiter et Pluton.

Mais revenons sur la petite boule, la Terre. Il y a de tout et n'importe quoi : des coins d'herbe, des animaux, des humains. Chez les humains, ça braille, ça rigole, ça pleure, ça vit, ça meurt ! Il y a beaucoup de manque, parce que c'est trop compliqué à répartir les choses de façon égale, il y a tellement de monde ! Alors on a inventé un joli métier : donneur de larmes, de rires, d'émotion. Des gens qui pendant une heure ou deux – ça s'appelle un film ou une pièce de théâtre – font la distribution. Ils répartissent les richesses, en quelque sorte. Mais pas les richesses trébuchantes, les richesses qui tintent, qui s'écrivent en kyrielles de zéros sur des chèques ou des feuilles d'impôts, non, de la richesse de contrebande, rien que du bonheur volé, de la vie tombée du camion, de l'insolence de braconnier, de la politesse de passe-passe.

Alors voilà : sur un coin d'herbe, à deux kilomètres de Paris, il y a une de ces donneuses de larmes, de rires et d'émotions. On l'appelle DD ou DaDa. Ça fait soixante-dix ans qu'elle exerce… enfin, qu'elle joue, qu'elle s'amuse. Oh ! elle ne fait pas ça pour le pognon : l'artiche, elle le claque. Le pèse, elle le distribue à qui mieux mieux. Parfois elle se fait appeler l'étrangleuse du Languedoc, elle tord le cou à l'ennui, ou la pêcheuse de Noirmoutier, elle aurait pu être catcheuse mais elle n'avait pas le physique, tu penses, avec des yeux et un sourire comme ça, elle n'aurait jamais pu faire de mauvais coups, même pour du bluff, elle glisse en silence au travers des gouttes de malheur, des chienneries de l'existence, elle est passeuse. Elle embarque les gens au nez et à la barbe des torturés du bulbe et des donneurs de leçons, et elle leur refile en loucedé de l'émerveillement.

Le monde qui est passé dans ses toiles, c'est pas croyable ! Elle leur balance dans les mirettes des choses qu'on n'oserait même plus porter de nos jours en public. De l'espoir, tu te rends compte, ça existe encore, l'espoir, si, si, elle en a toujours ! De la légèreté. De la légèreté ? Mais je croyais qu'on avait éradiqué la légèreté de la planète ! Puisque je te dis qu'elle en a ! Elle est un peu sorcière, un peu arabe, un peu polonaise, elle fredonne des chansons, elle boit comme un trou, elle fume comme un haut-fourneau, elle roule en Smart dans Paris et en break Volvo sur les routes de Vendée, c'est une midinette de quatre-vingt-six balais ! T'as envie de prendre le volant pour qu'elle se repose, mais elle t'envoie valdinguer dans les roses. Se reposer ! Depuis 1962, elle dit qu'elle va se reposer ! Mais elle n'arrive pas à finir son boulot.

Elle en a encore sous le capot à donner ! Elle a un secret : elle est curieuse comme une gamine. Elle dit que la mort, qui pourtant lui fout la trouille, est un moment intéressant. La mort, elle entend ça, elle fait une syncope ! Elle en bouffe son linceul ! Elle sait plus comment faire avec DD. C'est comme un taureau qu'on n'arrive pas à faire rentrer dans l'arène. Qu'est-ce que tu veux faire contre quelqu'un qui n'a rien à sauver ? Elle veut juste que l'autre faucheuse soit polie : qu'elle toque avant d'entrer. Elle lui dira : un moment, j'arrive ! Elle aura le temps de rassembler son petit monde et de passer un dernier coup de bonheur, en fraude ! Un au revoir et ffftt ! Elle s'appelle pas Max, mais elle est libre ! Comme l'air.

Jérôme Deschamps

Le bonheur est dans le presse-purée

Ce dimanche 21 novembre 2004, je suis à Thouaré-sur-Loire, magnifique port de pêche situé tout près de Nantes. Invité à un salon du Muscadet. Pardon, à un salon du Livre ! Je dois rédiger deux chroniques : une sur Jérôme Deschamps papa accoucheur des Deschiens, l'autre sur Nadine de Rothschild maman accoucheuse de plans de table. Surtout ne pas mélanger les deux chroniques. Nadine Deschiens, et les De Rothschild ! Nadine de Rottweiller et les Deschild. La France d'en haut, la France d'en bas ! Dans la vie, il y a ceux qui pour s'endormir comptent les moutons et ceux qui comptent les Mouton Rothschild. Pour joindre le bonheur, deux écoles : 36 15 qui n'en veut ou 36 15 qui en a… Il y a ceux qui ont un chalet à Garmisch-Partenkirchen et ceux qui louent un garni parking kitchenette. Ceux à particule, pas les Eschiens, non, les D'Eschiens, excusez du peu, et les simples particuliers les Nadine, Ginette, Gérard, Polo et les autres. Ceux qui paient l'impôt sur la fortune et ceux qui paient… à la fortune du pot !

Ce dimanche 21 novembre à Thouaré-sur-Loire, après le quinzième muscadet, j'écris double, je signe Olivier Saladin ou Philippe Duquesne, en hurlant : passez Muscadet ! Je me sens plus Deschiens que Rothschild, plus d'humeur badine que Nadine. Plus chili con carne que carnet mondain. Me voici au salon du Ivre de Bituré sur abreuvoir… Yolande Moreau de Rothschild, le petit doigt dans la bouche et la permanente en bataille, nous donne sa recette des glaces au boudin et au sirop de menthe. Moi je dis : les Deschiens, c'est une leçon de savoir-ivre… vivre ! Une sorte d'opustule, d'opuscule du dérisoire, qui pourrait s'intituler : « Comment se comporter dans le gratin dauphinois » ! C'est la course au bonheur en pantoufles et jogging orange, avec les accidents de parcours, on se coince le doigt dans le presse-purée, François Morel se déguise en Nadine de Creutzfeld, Bruno Lochet en Albert Jacquard-Delafon.

Nous sommes tous des Deschiens, les yeux noyés d'espoir et d'alarme, shootés à la bêtise, les veines bourrées d'héroïsme de contrebande, rateurs invétérés, orateurs invertébrés, roteurs aventureux, on est tous des Deschiens, embarqués pour le paradis, ascenseur pour les charlots, musique de Prisunic, Monoprix d'excellence.

1er étage, rayon lingerie fine, charcuterie fine, parties fines, fine quelle crotte, électroménager, mixeur, brumisateur, vasopresseur.

Ascenseur bourré, odeurs de transpirations, les petites sueurs des pauvres, Notre-Dame des chants désespérés, nous sommes tous des Deschiens, piliers de clébards, cabots, camping-carnivores, touche-à-toutous, témoin-clebs, canidés fixes, il faut battre le boxer quand il est chiot, nous sommes tous des Deschiens perdus sans cogner, Deschiens policés, Deschiens-chien à sa mémère…

2e étage, rayon fromages, hommages, dommages, rois mages, chômage, images et enfumage.

On est tous des Deschiens à se faire des niches, à se chercher des poux, à s'accoupler, à se foutre la pâtée, même la Nadine de Rotchihuahua avec son pedigree de caniche royal et ses croquettes de caviar…

3e étage, rayon pustules nodules et vésicules, cors, ampoules, vérues et durillons, contactez notre esthéticienne au jacuzzi du prurit, restaurez-vous à la pizzeria ! Le no man's glande.

On est tous des Deschiens à courir après l'amour, à se mitonner des débuts de contes de fées, qui filent en quenouille, à se renifler le derrière, à se gratter le nombril, à se masser l'ego, à se passer de l'encaustique…

4e étage, DHEA, Prozac, Valium, aspirine, tranxène, hormones de croyances, anxiogène, collagène, œstrogène et fumigène.

On est tous des Deschiens, le nez dans le guidon, à se prendre les pieds dans la moquette, à rouler sous la table, à s'arsouiller au muscadet de Thouaré-sur-Loire, à courir après le soleil autour du monde à la rame, à la voile, à la godille, à l'arrache, à taper dans un ballon, à faire des triple Axel, des sauts de l'ange, des ricochets, des ailes de pigeon…

5ᵉ étage, en raison des travaux de rénovation le paradis est momentanément fermé, veuillez descendre à cet étage, rayon crêpe, chrysanthèmes, trousse de toilette funéraire, bières et digestifs.

Moi, ce qui me plaît dans les Deschiens, c'est juste après le lever du rideau de fer, il y a encore une petite musique, les Deschiens attendent qu'elle se termine, ils vont prendre la parole, ils salivent avec leurs yeux, avec leur menton, ils ont le bonheur sur la figure, ils n'ont pas encore dit un mot mais tout parle, ils dodelinent, ils se tordent, ils sont les rois. C'est rien que du silence habité, et nous on regarde nos silences dans la glace ! Nom d'un Deschiens, c'est grand ! Allez, Thouaré, un dernier petit muscadet, pour la route !

Raymond Devos

Le fil de féeriste

Je ne sais pas ce que Raymond Devos s'est imaginé dans le ventre de sa mère. Peut-être qu'il a fait comme au théâtre : il a regardé par la petite fente, entre les deux pans du rideau, il a vu tous ces gens qui l'attendaient, il a eu le trac. Peut-être qu'il a désespérément tiré sur le cordon ombilical, mais personne n'est venu, rien n'était prêt, on n'avait pas livré le piano. Et puis Devos ne savait pas son texte. Alors il s'est fait un peu tirer les pieds pour sortir, et on a tout de suite vu, à sa tête, qu'il ne mangerait pas de ce pain-là. De ce monde où l'on vous met un thermomètre dans la bouche, où l'on vous coupe les vivres aux ciseaux, et où on vous laboure les oreilles avec une barre à mine déguisée dans du coton.

Devos n'aime pas le réel. Disons qu'il ne s'en contente pas. Alors la vigoureuse gifle donnée par le médecin accoucheur, il en a fait son premier applaudissement, sa première claque. Il a salué, la tête en bas, il a aligné quatre « areuh » en toussant quatre fois, le médecin en a déduit que Devos était quatre-arrheux, ce fut son premier sketch ! Depuis, à la première occasion, à la première gifle du réel, Devos prend la tangente. Il file en douce, il esquive la réalité et s'esquive, il s'absente. Il laisse sur le plancher des vaches ses congénères se dépatouiller avec les notes de gaz, l'acné du petit et la poubelle à sortir, et il s'envole dans l'imaginaire. Mais comme il aime bien partager, une fois revenu de son périple, il organise des sortes de conférences « Connaissances du monde imaginaire », et raconte son voyage. C'est toujours plein à craquer. Comme Devos ne veut pas ennuyer les gens avec des diapositives, il recrée lui-même les images, avec des mots. Les gens n'y voient que du jeu : ils ont l'impression d'y être, et quand Devos les raccompagne sur terre, ils rentrent chez eux tout légers, les notes de gaz sont des notes de musique, l'acné est sous le paillasson, et la poubelle pour aller danser…

Bien sûr les gens se demandent : « Mais où va-t-il chercher tout ça ? » J'ai voulu en avoir le cœur net : je suis allé chez Raymond Devos. On m'a dit qu'il n'était pas là. Qu'il s'était absenté. J'ai expliqué que je voulais juste voir son bureau, là où il travaillait, pour essayer de comprendre. Alors, gentiment, on m'a montré le chemin. On m'a fait mettre des patins, sur la bouche, et on m'a dit : « Surtout ne faites pas de bruit ! Pas un mot ». Sur la porte, il y avait une pancarte : « Absent, pour cause d'imagination ». Je suis entré dans le bureau. Devos était là, assis à sa table. J'ai dit : « Mais Devos est là ! » On m'a répondu, « Puisqu'on vous dit qu'il est en voyage ! » Je ne le voyais que de dos, mais c'était impressionnant : une carrure de sumo, des épaules de déménageur, un cou de taureau. Je ne voyais pas ce qu'il faisait, mais j'entendais le crissement d'une plume sur le papier. Il était en costume d'Adam. Avec juste des nu-pieds, dans le même coloris que le costume. En face de lui, sur le mur, il y avait un miroir. Avec des alouettes. Et le reflet d'une femme qui me souriait. J'étais très gêné. J'avais l'impression de violer l'intimité de Devos. Dans le miroir, je le distinguais très nettement de face. Il ne portait qu'une feuille de ligne. Je me suis dit : Devos a toujours été très pudique. Il remuait les lèvres, mais aucun son ne sortait. On entendait les mots voler.

Je suis sorti du bureau. J'ai demandé : « Mais il voyage, comme ça, à pied ? »

— Non, il voyage en auto-suggestion. En idée. L'idée, c'est sa déesse. Sa déesse Oniris. Devos a un péché mignon, un petit plaisir solitaire, il pratique l'onirisme : le plus petit rêve démuni, la plus petite chimère en fin de droit, c'est pour lui !

— Et il part comme ça, sans rien sur la tête ?

— Non, il démarre sur les chapeaux de roue, vous savez, dans l'imaginaire, les roues ont des chapeaux, les freins jouent du tambour, les bougies ont du culot, les virages se coiffent avec des épingles à cheveux, les autoroutes ont des bretelles, les fakirs traversent dans les clous, les chiens partent en voyage de nonosse et les chenilles s'appellent Vanessa ! Et quand il n'a plus de sens, il quitte le réel en trapèze ou en trampoline, tout ce qui peut l'aider à quitter la terre ferme. Il peut rester des journées entières en équilibre sur le fil d'une histoire, il est un peu fil de féeriste.

— Et la nuit ?

— Il campe. Il campe des personnages.

— Et ça ne le fatigue pas, tout ça ?

— Oh ! vous savez, dans l'imaginaire, on n'atteint jamais l'âge de l'arthrite ! Et puis Devos a toujours soigné son articulation…

Voilà. J'ai quitté la maison de Devos, je l'ai laissé dans sa bulle de savant, dans sa tour de passe-passe.

Cher Raymond, vous êtes un peu serrurier de l'âme, une sorte de chercheur inconscientifique. Avec la cdé des songes et une paire de trouvailles, vous enfoncez des portes ouvertes que personne n'ose jamais pousser. Vous faites sauter les verrous. Vers où ? Vous envoyez nos neurones en extravagance ! On vous suit les yeux fermés et, avec vous, on se prend joyeusement les pieds dans l'utopie !

Manu Dibango

Notre mix-shaker à nous

Cher Manu Dibango, pour écrire cette chronique de façon tout à fait impartiale, j'ai voulu fuir tous ces coins où l'on vous aime, où vous êtes Manu, le grand Noir avec une tonsure noire, le titi africain, le Jean-Paul Sarthe du saxo, le tonton makossa, le papy groove, bref, un endroit où, par exemple, on ne supporterait pas votre rire à décrocher les mâchoires, moitié Henri Salvador, moitié Serge Lama, où l'on vous haïrait, purement et simplement : je n'ai pas trouvé ! Il faut croire que vous êtes passé partout et que vous avez fait des petits, si j'ose dire ! Dans le monde entier on croise des gens qui se sont roulé des palots dans un bal animé par des musicos, c'était il y a longtemps, non, on ne se souvient pas quel était le groupe qui jouait, sauf qu'il y avait un grand Black au saxo, ou peut-être au piano, à moins que ce ne soit au vibraphone, mais il était black, ça c'est sûr, et ça swinguait, oui, ça swinguait ! On avait les pieds qui décollaient tout seul du plancher, les hanches qui ondulaient, ça ressemblait à tout et à rien, mais c'était de la musique, ça c'est sûr ! Bon, finalement, j'ai opté pour Pékin. Figurez-vous, cher Manu Dibango, que le pékin moyen ne vous connaît pas. Il faut vous y faire ! Ou alors, c'est que je parle très mal le chinois ! Bref, j'ai pu écrire ce portrait de vous en toute sérénité, sans influence bénéfique. Alors voilà :

Manu Dibango, qu'on se le dise, est de la race des musiciens. Né à l'ombre d'un arbre à Cameroun, élevé au gramophone, à la guitare et à l'harmonica, sa maman lui insuffle la musique par voix chorale, elle lui roule des gospels en veux-tu en Douala, il joue du pipo dans du bambou, découvre la musique qu'on écoute avec ses pieds (soixante ans plus tard, comme le footballeur Roger, Manu Dibango danse le Milla, et comme le président Paul, il danse le Biya !). Français comme vous et moi, il débarque chez ses ancêtres les Gaulois, des instituteurs, bourgeois de Saint-Calais, il a quinze ans, il échange 3 kilos de café, un régime de bananes et des arachides contre une pharyngite et le couvert. Il apprend le maniement d'Armstrong et devient un foudre de Gershwin. Accueilli comme un prince par les Saint-Calaisiens, il se retrouve ambassadeur de la Sarthe, Commandeur des arts et des rillettes.

À Saint-Calais, frère Emmanuel, avec ses lunettes noires, est connu comme le loup blanc ! Ses parents l'ont rêvé avocat, médecin, ingénieur ou ministre, il sera saltimbanque ! Il parcourt les balloches de la planète, il fait danser le monde ! Élu docteur Honoris Mirza, grand joueur de cornichon à pistons, il accompagne El Niño Ferrer, sorte de perturbation climatique caractérisée par une forte élévation de la température, qui sévit en France dans les seventies. Voyageur impénitent, galion indomptable, grand adepte des safaris-musique, cocktail de free, amal-gamme, Manu Dibango zappe, il rappe, il passe d'un extrait à l'autre, il change de musique comme de show-biz, c'est notre mix-shaker à nous, il secoue le cocotier, branle le prunier, il s'emmêle les sons, se mélange les pinceaux, se tord de couleurs, il est Noir-Blanc pour les Africains, américain pour les Français, africain pour les Américains, il est compositeur-mélangeur-elfe d'orchestre, remueur-agitateur-interprète, musicien en herbe, il fume indifféremment de la gitane, de la créole, de la camerounaise, de la classique, de la zaïroise, de la congolaise, il est pour le maintien de la World, c'est un marchand de soul.

Manu Dibango est un saxologue assermenté, un saxe-symbole, c'est notre maréchal de Saxe, il touche à tout ce qui bouge : il se nourrit de bols de rythme and blues, c'est un va-tango, il donne sa langue au cha-cha, il branle-bas de samba, c'est un rat de clavier, officier de marimba, vibrion du vibraphone, prince du chant, je crois même qu'il s'est adonné aux plaisirs organistes ! C'est le Seigneur des pianos, sa vie part en mambo, moitié Ray Sugar Robinson, moitié Duke Ellington, il se saoule à la biguine, c'est un ouvrier de la voix publique, il travaille à la scène, il mange à tous les ateliers, tranche de Pavarotti, assiette de Charlie Parker, filet de Barbara Hendrix, il plonge la tête la première dans le magma de la musique, c'est un fort en tempo, un peintre en battement, c'est notre afro jojo, il a le vent en pop, c'est une usine à jazz à lui tout seul, il nous fait de la musique à tire-dibango, il patchwork quinze heures par jour, il titille, il stimule, il attise…

Voilà, cher Manu Dibango ! J'ai malencontreusement laissé un double de cette chronique dans ma chambre d'hôtel à Pékin. Ne vous étonnez pas si on vous appelle de là-bas un de ces jours pour écrire l'hymne officiel des jeux Olympiques de 2008 ! Après tout vous fêterez vos trois quarts de siècle en 2008, ce serait un bel anniversaire ! Continuez à rire aux éclats, je vous souhaite de n'être jamais, ni vous, ni votre saxe… aphone !

Roland Giraud

On a l'âge de ses arpions

Si j'en crois votre livre[1], vous êtes un fétichiste du pied. C'est la première fois que nous recevons au *Fou du Roi* un fétichiste du pied ! Nous avons reçu une fétichiste du derrière, Rika Zaraï, un fétichiste du cerveau, Albert Jacquard, un fétichiste du service trois pièces, Jean-Marie Bigard, un fétichiste de la langue, Fabrice Luchini, une tripotée de fétichistes du nombril Philippe Sollers, Michel Leeb, Marc-Olivier Fogiel, Amélie Nothomb, mais le pied, non, jamais ! Roland Giraud dit : « Enlève ta chaussure et je te dirai qui tu es. » Est-ce bien raisonnable ? Certaines choses se sentent, il n'est peut-être pas nécessaire d'aller plus loin…

Qu'il me soit permis ici de rendre hommage à nos deux extrémités articulées, ces pieds qui contrairement à l'idée reçue ne se contentent pas de se mettre sous la

1. *Chagrin de vie*, édité chez Michel Lafon.

table : ils vont au contact, ils nous supportent, ils ont une responsabilité écrasante, et, si souvent nous pédalons dans la semoule, dans la choucroute ou dans le yaourt, ce sont eux qui sont en première ligne, eux qui vont au charbon ! Bien sûr ils sont un peu collants ! Ils nous suivent partout ! Enfin... reconnaissons, que *nous* les suivons partout ! Nous naviguons inlassablement entre voûte céleste et voûte plantaire, arrogance d'en haut et souffrance d'en bas. J'aimerais bien m'envoler, mais mes arpions s'agrippent au plancher, j'aimerais bien les fourrer dans le derrière de certains de mes contemporains, ils restent poliment au sol. Il faut reconnaître qu'ils sont très terre à terre ! Personnellement, mes pieds n'arrêtent pas de me faire marcher, j'ai parfois envie de dire : pouce ! On ne joue plus. OK ! me disent mes pieds : ils se réfugient sous la couette, moi, comme un imbécile je les suis, et je m'endors ! Les pieds nous mènent par le bout du nez, c'est ce qu'on appelle un pied de nez !

On l'a échappé belle ! Roland Giraud, à la place de Gabin, aurait dit à Michèle Morgan : « T'as d'beaux nougats, tu sais ! » Elle aurait répondu : « Enlève-moi mes chaussettes ! »

Si vous avez des pieds de vigne et que vous chaussez du 20, il y a de grandes chances pour qu'un jour, vous vous soûliez.

Mettez Jésus en voiture, à Vespa ou même à vélo, il n'est plus crédible ! Vous l'imaginez grimper au sommet du Golgotha en 4x4 avec sa croix sur la galerie ? Non, Jésus était un piéton : jusqu'à la fin de sa vie, il a marché dans les clous.

— Tu n'as pas de voiture ?

— Si ! je roule en panards…

À force de m'arroser la plante du pied, j'ai fini par avoir des oignons.

Prenez deux personnes qui ont un pied bot. Si elles marchent côte à côte, elles boitent de conserve. Prenez les deux mêmes personnes, l'une en Belgique et l'autre en Alsace, la première boite à Gand et la seconde boite à Mutzig.

Quand je suis en déplacement, je n'arrive jamais à joindre mes deux pieds… ça sonne sans arrêt occupé.

À force de me supporter, mon lit a des cales sous les pieds.

Qualifier une statue de pédestre n'est nullement péjoratif.

Prenez le mythique *Colosse de Rhodes*. C'est une des sept merveilles du monde, entièrement détruite. Eh bien, mettez-lui la tête de la *Vénus de Milo*, les bras du *Discobole* et le corps de la *Victoire de Samothrace*, vous obtenez une statue en pied tout à fait présentable.

L'inconvénient du pied, c'est qu'il ne va jamais sans son coéqui-pied. S'il va tout seul, c'est qu'il y a quelque chose qui cloche. D'ailleurs on dit : à cloche-pied.

Malgré tout son talent, Fred Astaire n'a jamais réussi à faire des claquettes à cloche-pied.

Pour connaître vraiment quelqu'un, ne faut-il pas l'épier ?

Un comédien débutant joue comme un pied. Petit à petit, il a les chevilles qui gonflent, les orteils qui sifflent, il bombe le tarse, devient une grosse pointure et finit sur un piedestars.

Roland Giraud a joué tellement de cocus qu'il a de la corne jusque sous les pieds !

Roland Giraud est né à Rabat, au Maroc. Il ne me contredira donc pas : les pieds noirs n'ont jamais d'ampoule. Ou alors elles sont grillées ! Voilà pourquoi Roland n'a jamais joué du cor, contrairement à d'autres Roland.

On arrive la tête la première, on repart les pieds devant... C'est ce qu'on appelle un retournement de situation !

Un million six cent mille ans après, en regardant M. Raffarin, je me demande encore si l'*homo erectus* a bien fait de se mettre debout.

Cher Roland Giraud, je sens d'ici les croche-pieds : on dira que je ne me suis pas foulé, que j'ai écrit cette chronique cahin-caha, clopin-clopant, en claudiquant ou en traînant les pieds, voire même, peut-être, les doigts de pied en éventail. En tout cas, merci à vous, vous m'avez mis le pied à l'étrier. Et puis votre livre ne raconte qu'un long mensonge malheureux, malheureux parce qu'il se voit comme le nez au milieu de la figure. La vérité, elle, est plus subtile, comme le pied : on l'enfouit au fond de ses godasses, mais elle finit toujours par transpirer.

Doc Gynéco

L'alité du bocal

Merci, Doc Gynéco, d'avoir fait de la lenteur une règle de vie. Dans ce monde où tout va trop vite, Doc Stomato dit pouce. Il freine des deux pieds, calme le jeu. Il dit oui à la célébrité, non à la célérité. Il prend le ralenti comme vitesse de croisière. Il a toujours une langueur d'avance, il est gardien de farniente, il est d'une indolence rare, il fait de la mollothérapie. Son livre de chevet, c'est le Code Peinard. Il n'est pas supersonique, il est super stoïque. Il ne chevauche pas une 1 500 cm^3, il porte un bob et roule en Marley-Davidson, il bégaie, il reggae, c'est rasta la vista et basta ! Doc Escargo est un gentleman : il ne force pas l'allure, il la drague, la câline, elle est toujours consentante.

Doc Ostéo ne prend pas les jambes à son coup, il les laisse bien posées sur le plancher des limaces, il mène un train de paradis, il n'a jamais le diable aux trousses, c'est lui qui trousse les anges, je crois qu'il est un peu lymphomane. Il n'appuie pas sur le champignon, il le mange et s'il est hallucinogène, c'est encore mieux. Il ne brûle pas les étapes, il les met au frigo, les congèle. Doc Endocrino roule à tombeau fermé, il ne met pas la gomme, il la sniffe, il ne presse pas le pas, il le fait marcher, il n'y a jamais péril en la demeure : en la demeure, il y a des lits, des fauteuils, des coussins, des canapés. Toujours au paddock, Gynéco. C'est un alité du bocal. Peut-être que d'avoir fréquenté les mânes d'Hailé, ça l'a scié !

Doc gigolo est rapide comme l'éclair au chocolat. Pour évaluer sa vitesse, il ne faut compter ni en Mach 2 ni en Mach 3 mais en hamac. Son unité c'est le nœud coulant, le quart de tour par minute. Il parcourt des glanées-lumières. À côté de Doc Lacrymo, la tortue est Parkinson, la limace fonce ventre à terre, le slow s'apparente au twist et les sénateurs font figure de recordmen du sprint. Avant de parler, Doc Laryngo tourne mille huit cent cinquante-sept fois sa langue dans sa bouche, il est économe de paroles, ce qui a fait dire à un critique facétieux : « Je trouve Beausir concis. » Il ne se hâte pas, il se tâte. Il est bien sous tous les rappeurs, il solilocks, il a les cordes vocalmes, il apaise ses mots. Doc Rhumato ne dit pas *tambour battant* mais *tambour caressant.* Il ne grimpe jamais quatre à quatre mais un à un. Avec lui les affaires ne sont jamais cessantes, la séance n'est jamais tenante, la bride n'est jamais abattue.

Avec Doc Oto-Rhino, on a toujours du temps devant soi. On raconte qu'à son dixième anniversaire le temps qu'il souffle ses bougies, il avait déjà quinze ans ! Un clin d'œil lui prend une demi-journée, un tournemain un week-end, sa vie défile au compte-gouttes, de fil de pêche en anguille à tricoter. S'il est au four, il faudra attendre trois mois pour qu'il soit au moulin, il fait les choses au fur, et très longtemps après, à mesure. Il y a les jeunes cadres dynamiques et Doc Ophtalmo, le jeune calme anémique, Doc Chamallow, c'est un lance-flemme, il est toujours prêt à dégainer son flegme. Il fait trois repos par jour, pépé le Dermato, son bonnet est sans doute antisismique, petit il n'avait jamais de poux, il n'avait que des lentes, des molles, des lambines, des traînardes.

Doc Météo est peu agité à pas agité du tout, il a le palpitant calme, des chimères d'huile, il ne se vente pas, l'air ne passe pas en courant. Le temps reste au Beausir. Doc Bruno, c'est un omnibus, un tortillard ; pour lui l'express n'a jamais été qu'un café, le jet un sirop à la menthe et le turbo un poisson. Et ce nom ! Quelle idée géniale ! Doc Gynéco ! Mais où est-il allé chercher tout ça ? Avant même d'atteindre la maturité, il a atteint la maternité ! Peut-être est-il abonné au Nouvel Obs-tétricien ? Quand on pense que la grande question du gynéco est : « Faut-il déclencher le travail ? »

Doc Gynéco accouche-t-il d'un rap au forceps ?

Doc Gynéco est-il son propre anesthésiste ?

Quand il est fatigué, a-t-il deux poches des eaux sous les yeux ?

Quelle est sa conception du monde ?

Que fœtus, Doc Gynéco ?

Doc Gynéco est-il un homme d'utérin ?

Doc Gynéco aura-t-il un jour la césarienne du meilleur espoir masculin ?

Doc Gynéco, quand il enfile une chemise, passe-t-il dans l'orifice du col ?

Doc et Gynéco, ne serait-ce point deux contractions ?

Doc, ça veut dire docker, doctrinaire ou documentaliste ?

Et Gynéco ?

C'est peut-être une simple contraction de Gilbert Bécaud ?

Et si le gynéco accouche de jumeaux, est-ce que « Bis repetita placenta » ?

Faut-il être Gynéco pour signer chez Virgin ?

Et pour écrire « première consultation » et « frotti-frotta » ?

J'arrête, parce que je peux vous l'avouer, cher Doc Gynéco, Gynéconnais rien en gynéco ! Allez, vite, le temps qui m'est imparti m'est tout parti sans que je m'en aperçoive. Bien à vous, Doc ! Ami-Prozac... pardon ! Ami-calmant !

Arielle Dombasle

Le tourment perpétuel

Arielle, arielle, amor, amor ! Envoyez la rumba d'Acapulco, le mambo de Tampico, déversez les fruits de la passion à pleines cagettes, l'amour de toutes les douleurs, les abîmes qui abîment et le tourment perpétuel. Pas de chichi mais un bon vieux cha cha cha, bien langoureux : les années cinquante, on s'embarquait pour le septième ciel, peu importait le taux d'alcôve qu'on avait dans le sang, on empruntait les transports amoureux, des vieux *tacos* mexicains, on roulait la nuit, au clair de lune, on marchait aux bougies. On allait droit dans le mur, carambolage assuré ! Enfin assuré… On partait sans assurance… on s'assurait juste qu'on s'aimait, et les promesses n'étaient jamais tenues ! *Quazas… quizas… quizas…* De toute façon, ces voyages-là, ça se terminait toujours avec le cœur brisé, des torrents de larmes, des soupirs de soufflet de forge ! Faut dire qu'au clair de lune la visibilité n'est pas très bonne. Immanquablement, l'orgueil se fracassait contre l'amour, les amoureux se déchiraient, on retrouvait le bonheur en lambeaux sur le bas-côté. Y'avait du mauvais sang partout.

Alors il ne restait plus qu'à chanter, amor, amor, et on entendait à mort, à mort, on hurlait sa peine, on faisait un constat, « à l'abominable », accrochage, dérapage, tête-à-queue (attention le mot tête-à-queue ne signifie pas nécessairement fellation), on notait « un fard à paupières endommagé », « une aile du désir froissée », boyaux éventrés, piston défaillant, barre d'accouplement cassée, débris de la passion sur la plage arrière, en hayon. On passait les larmes aux essuie-glaces, on rangeait la boîte à gland, on remettait de l'eau dans le radoteur, on refaisait la peinture, *y asi pasan los dias,* et on recommençait…

Mais cette fois on ne prenait pas la voiture, on restait chez soi, on se chauffait à l'amour, elle était un peu allumeuse, lui brûlait d'impatience, on s'enflammait, ça scintillait, ça pétillait, c'était intense, incandescent, ça sentait le réussi, on s'embrasait, *besame mucho,* l'amour était en bleu de chauffe, quand l'ardeur faiblissait, on soufflait sur la braise, on flambait, puis de flammèches en étincelles, de fous à lier en foyers, l'amour se consommait, se consumait. On lui fabriquait un lit de pierre, une cheminée, chambranle et tablier, trappe, grille et rideau pare-feu, y avait comme un manque d'air, problème de tirage, ça sentait le roussi, le bellâtre quittait le bel âtre, il allait ramoner ailleurs. Adieu petit hérisson (le hérisson ? c'est l'outil préféré du ramoneur). D'ailleurs la belle était au fourneau, brûlures d'amour-propre, même à la fin, quand tout était grillé, ça cramait encore, mais là, c'était le torchon qui brûlait... Alors on balançait tout au feu, les colliers et les maîtresses au milieu, une véritable bûcherie, l'amour invétéré finissait inciné, il avait atteint l'âge de tison... Les flammes, quand elles ont fini de monter, elles ne laissent que des cendres... La passion s'était pris une pelle. On nettoyait la cheminée, les bouts d'amour calcinés étaient balancés à la poubelle, on avait les doigts un peu noirs, de la suie dans les idées. Alors on chantait amor, amor, et on entendait à mort, à mort, on en rajoutait une couche, l'amour enfilait son p'tit boléro, et ça pleurait, ça hurlait, c'était bon.

Et puis d'autres fois encore, dans un motel en plein désert, c'était l'amour tex-mex, l'amour épicé, l'amour cactus et ses piquants, l'amour guacamole avec un bon avocat, déclarations entortillées en tortillas, on se racontait des salades, la pampa, la fiesta, on s'envoyait des beignets bien pimentés, on sortait sa piña colada, on donnait dans le fatal, le glamour, émotion à fleur de peau, tropiques tièdes, amour au miel, la souris était d'agneau et le gros travers de porc, sur le grill, caramélisé avec frites et sauce barbe-cul, attention, pour les non initiés, le mot barbe-cul ne signifie pas nécessairement cunnilingus... pastèque aztèque et coup de tabasco, l'amour exhubérait, c'était fort, on pleurait tellement c'était fort, alors on chantait, amor, amor, et on entendait à mort, à mort, l'amour vous flanquait le cafard : dégoulinez les latinos ! Guitares en sanglots, violons liquides, marche funèbre en zigzag. C'est qui le mort ? Y m'a l'air bien esquinté... C'est l'amour qu'on enterre, monsieur, l'amour assassiné de quarante coups de poignard, on n'a pas retrouvé tous les morceaux… Il avait quel âge ? L'amour n'a plus d'âge, monsieur, brûlé au quinzième degré… Il respire encore ! C'est bien pour ça qu'on l'enterre, monsieur, pour en finir ! Demain on écrira dans les journaux : un amoureux s'est pendu aux lèvres de sa bien-aimée, encore un accident de la routine !

Chantez, Arielle, amor, amor, c'était il y a longtemps, au pays des cactus et du soleil brûlant, bien avant que « Rhum and Coca-Cola, workin' for the Yankee dollar » ! La jolie gringo mexicaine du Connecticut s'est installée à Paris, elle roule en Jaguar. Elle n'écrit plus ses rêves dans un cahier, peut-être qu'elle n'a plus d'encre ou peut-être plus de rêves, mais, c'est sûr, elle le dit elle-même, amor, à mort, un jour elle sera un charmant petit squelette !

Éric & Ramzy

Les quatre pieds dans le même soulier

Ce qui différencie Éric & Ramzy du pékin moyen, qu'il soit chinois ou non, c'est qu'ils sont deux. Si Éric & Ramzy n'étaient qu'une seule et même personne, leur duo fonctionnerait moins bien. Éric sans Ramzy, c'est une aisselle esseulée, une aréole tombée d'un sein, un rein qu'aurait perdu son jumeau à la suite d'une mauvaise chute de rein, c'est un lièvre à la fois, c'est les tours jumelles, un 11 septembre, entre 9 h 05 et 9 h 28, Éric, encore debout, regarde son copain effondré, une Renault 2L, un ascenseur Roux hors de Combaluzier, ça rez-de-chaussette irrémédiablement. Ramzy tout seul, c'est un unique magot en terrasse, un Moët mazouté sans son Chandon, un pont déchaussé, un pif sans gadget, une chemise sans cul, c'est une seule Sèvres, une boule Quiès, une orpheline. Éric & Ramzy c'est Kif et Tondu, bouc-é-missaire, Michard embroché jusqu'à Lagarde, Marius Trésor et Jeannette Vermeersh, les témoins de Ziva, c'est quolibet les deux églises, c'est deux gros bonnets d'un même soutien-barge, le sable et le roupillon, godes et trav'los, relou et châteaux, bref, pour résumer, Eric & Ramzy, c'est Élie et Dieudonné sans les emmerdements !

Éric & Ramzy, c'est du comique géminé. Géminé n'est ni une capsule spatiale, ni le prénom de Géminé cricket, géminé signifie « doublé ». *Double zéro,* comme son prédécesseur, *La Tour Montparnasse infernale,* est un film doublé, mais en version originale. Chez Éric & Ramzy, tout est doublé. Chez le médecin ils disent soixante-six ! Ils ont un douzième sens, se saignent aux huit veines, et font de deux bières quatre coups. Éric & Ramzy, les sceptiques pourront vérifier, se regardent entre huit yeux, ils prient à quatre genoux, leurs poulets ont huit cuisses, ils mettent leurs quarante doigts, dont vingt orteils, dans leurs quatre narines, ils ont dix membres, dont deux virils, et quatre grenades, pardon quatre gonades, du grec « gonê », semence, quatre burettes si vous préférez, bref, un service six pièces.

Mieux qu'un duo, Éric & Ramzy forment un couple fusionnel. Sciemment et patiemment, ces frères siamois font tronc commun pour nous faire rire, ils font des quatre pieds et des quatre mains pour nous dérider, mettent leurs deux cœurs à l'ouvrage. Éric & Ramzy c'est un monstre à deux nombrils, deux ego et Millaut. Après *La Tour Montparnasse infernale*, c'est reparti, comme en 28 ! Une sorte de quatrième souffle, 44, v'là les flics flop, les agents double zorro remontés du soixante-douzième dessous, des quatrièmes couteaux, des espions de sixième zone, à eux deux, ils sont la dixième roue du carrosse. Ni deux ni quatre, ils enfilent leurs bottes de quatorze lieues, nous emmènent dans la huitième dimension ! Toujours tirés à huit épingles dans des costumes flambant dix-huit, ils sont sur leur 62 (Pas-de-Calais), bien sûr ils n'attendent pas 107 ans pour agir mais 214, ils tournent quatorze fois la langue dans leur bouche, ce qui explique peut-être quelques longueurs dans le film. Quarante-huit heures, sur quarante-huit, ils sont sur la brèche.

C'est du travail à la chaîne : à eux deux, ils font les six-seize. Ils se mettent en huit pour faire les huit cents coups, déboulent en huit-huit moteur douze cylindres, grimpent les escaliers huit à huit, tout le monde se plie à leurs huit volontés. Menteurs comme pas quatre, ils font quatre poids, quatre mesures, mais n'hésitent pas à appeler deux chats deux chats. Ils changent de pays en quatre temps six mouvements, se carapatent en moins de quatre et filent en huitième vitesse. Les deux culs entre quatre chaises, ils cherchent midi à 28 heures, coupent les cheveux en huit, la poire en quatre. On leur fait voir soixante-douze chandelles, ils tombent les huit fers en l'air, se retrouvent à huit pattes, au milieu de double paires de jambes de superbes mannequins qui viennent des huit coins du monde… Ils dorment sur leurs quatre oreilles dans des palaces dix étoiles, les arcs-en-ciel ont quatorze couleurs, les semaines huit jeudis et la vie est un grand seize, comme à la fête foraine…

Voilà. Avec ce film, Éric & Ramzy ne révolutionnent que le quatorzième art mais doublent leurs émoluments… Un film mené à la douze-huit-quatre, visible par tout le monde, de quatorze à… 2 fois 7 quatorze, je pose 4 et je retiens 1, 2 fois 7 quatorze et 1 quinze… 154 ans ! On leur souhaite un public nombreux, pas huit pelés et deux tondus… Et tous les 72 du mois, Éric & Ramzy vont nous sortir un nouveau film, *Les Six Mousquetaires, Les Quatorze Mercenaires, 4002 l'Odyssée de l'espace, Les Contes des 2000 et 2 nuits…* et le public sera plié en huit. D'aucuns diront qu'ils brûlent la chandelle par les quatre bouts, qu'ils ne devraient pas mettre les quatre pieds dans le même soulier… Que si ça ne marche plus, on trouvera un nouveau duo, car c'est bien connu, l'industrie du rire ça doit rapporter deux cent fois la mise, alors deux de perdus, vingt de retrouvés… Éric & Ramzy font dorénavant partie de la jet-quatorze. Ça ne m'étonnerait pas, par exemple, qu'ils fréquentent le ministre de la Santé, Vingt-Quatre Blazy. Ils jouent le succès aux dés, au 842…

Attention, les gars ! Ne vous faites pas avoir : il n'y a pas de huit sur un dé…

Françoise Fabian

Architecte d'intérieur

Le sentiment, c'est un peu le travail de l'acteur, non ?

Françoise Fabian, vous usez et abusez des sentiments. C'est votre job. Le sentiment, c'est votre service minimum, votre charbon, votre cambouis. Vous êtes actrice, diplômée des travaux en public, vous êtes, certes, une technicienne de surface comme tous les acteurs et les actrices, façonneur de visage et d'allure, ingénieur des mines et des tenues, pirate de l'air et de l'apparence, pilote en attitude, ouvrière des voix et des gestes, mais vous êtes aussi architecte d'intérieur, peintre en sentiments, sculpteur sur chair, souffleur de vérité, agent d'assurance et de doute, chercheur d'hors champ...

Vous êtes votre propre atelier, votre chambre de combustion, une usine à phrases, un chantier de composition, une chaîne de prospection, un ouvroir à appétit, un labo d'essais, d'études, d'analyses, un entrepôt d'images, de souvenirs, une fabrique de patience, une centrale de charme, une manufacture de larmes, une raffinerie de parole. Vous avez vos propres outils, clé à mirettes, couteau à peur, perceuse à pulsation, soufflet de gorge, filet à profusion, fer à ressasser, machine à rêver, brosse à réjouir, aiguille à triturer, métier à lisser, bobine de fille. Vous avez une palette de douleurs, des tubes de joie, du brillant, du vernis, du mat, un peu de pâte à moduler, et vous faites de la peinture sur soi, enfin, sur vous. Vous esquissez, ébauchez, composez, nuancez, estompez, vous ajoutez une touche de gaieté par-ci, vous forcez un peu le trait par-là, comment faites-vous pour ne pas vous mélanger les pinceaux ?

Vous fabriquez, à la demande, des émotions. Émotions radiophoniques, émotions télévisées, émotions en direct au théâtre. L'acteur est une terre meuble, qui se laboure facilement. Et quand il faut jouer, l'acteur prend son propre terreau par les cornes, il bêche, il bine, il défonce, il fouille, il gratte, il creuse. L'acteur se fait tracteur (le critique, lui, se fait souvent détracteur !) et le metteur en scène ne peut qu'aider à la manœuvre, il indique la direction du sillon, il veille au grain, comme on dit, mais c'est l'acteur qui sème. Oui, l'acteur s'aime. Il est un peu narcissique. L'acteur est comme une jonquille dans un jeu d'éléphants. Comme une porcelaine dans un magasin de ferraille. L'acteur est un quincailler du sentiment. Il vend des vices et des vertus, des boulons d'angoisse, des écrous de tourment, des pinceaux d'humanité, des pelotes de haine, de la laque de compassion, des litres de bile, des serpillières de fiel, des tampons d'indulgence, des nappes de froideur, des mèches de révolte, de toutes les dimensions, des voiles de grâce, au mètre, des sacs de colères, des boîtes de fièvre, des tuyaux de dégoût, de la folie en grains, de l'amour en cristaux.

Bien sûr, c'est un métier. Il y a des échafaudages, des heures et des heures de couture, de rabotage. Ça va du gros œuvre à la finition. Le soir de la représentation, tout doit être nickel, comme neuf, il ne doit plus rester que la chair et le plaisir. Et toute cette belle ouvrage donne lieu à rémunération. Vous êtes payée à chaque fin d'émoi, en matière de sentiment, toute trouvaille mérite salaire ! Les applaudissements ne sont pas comptés dans l'assiette des cotisations, mais ils rentrent au crédit de votre compte. À la fin du spectacle, les spectateurs viennent vous voir : mais comment faites-vous pour apprendre tout ça par cœur ? Mais c'est justement par le cœur que ça s'apprend, monsieur ! On tricote des neurones pour retenir des mots, c'est de la mécanique, mais on fait couler du sang dans les sentiments, ça, c'est de l'art !

Chère Françoise Fabian, aujourd'hui vous voici factrice de sentiment : Arrabal vous a fait parvenir une lettre d'amour et vous avez décidé de nous la faire suivre. Avec le timbre de votre voix, et l'enveloppe de votre corps. Un envoi en recommandé. Avec accusé d'exception !

Brigitte Fontaine

La poupée zarbi

Brigitte Fontaine, si je la rencontrais, je serais intimidé, comme devant une enfant. On peut pas tellement raconter d'histoires. Elle vous regarderait droit dans les yeux, faudrait pas biaiser. Ce serait la première fois, au *Fou du Roi*, qu'on recevrait une enfant. Elle aurait amené sa poupée. Autant dire qu'elle serait venue toute seule, comme une grande. Parce que la poupée ce serait elle. Une poupée zarbi. Habillée comme toutes les poupées zarbi, avec un tee-shirt destroy orange, des rangers et une robe verte japonaise. Elle serait venue avec son mange-disque. D'habitude elle y glisse du Gainsbourg ou les tubes de Mozart, elle adore ça, Mozart… Dans la vie y a les casse-têtes et les quintettes de Mozart, y a les sornettes et les sonates de Mozart. Y a les cons costauds et les concertos de Mozart…

Mais à l'occasion de sa venue au Bargeot du Couronné, elle aurait nourri son mange-disque avec sa dernière collection de poupées-chansons. Elle chante comme elle se fringue, Brigitte Fontaine, « beau, simple, flashy et un peu sexe », des chansons trench ou burnous avec refrains orange fluo, rimes en dentelles noire et rose, couplets vestons de chez Dior, customisés Belkacem, effleurés d'une guitare écorchée, ballades à pans d'amour noirs corsetés de rouge cerise, vers de huit nougats, les pieds dans des docs moutarde ou des baskets rose métallisé, accords ultra-pointus, harmonies pop, mélodie cache-oreille en fourrure violette, comptines en taffetas chocolat, ocarina knickers clarinette en python rose, une musique reggae comme du papier à vie. Avec son copain de bac, Areski, elle a écrit des chansons de sable. Du mouvant et de l'émouvant. Avec juste un seau de mots et des pelles à tabla. Bien sûr, au Cinglé du King, elle aurait apporté sa chanson sous la douche, relookée avec ses copains de Toulouse, les Zebda, une histoire d'éléphant et de Montélimar. C'est p't'êt' Simone de Beauvoir, allez beau voir...

Brigitte Fontaine, si elle venait au Frappadingue du Monarque, elle aurait ses paquets de bonbons pas loin, des bonbons en forme de Craven A. Dans son sac besace en plastique transparent rose Viahero (le sac Viahero est tendance, mixte, populaire et abordable), elle aurait trimballé tous ses jouets, des bateaux du cap Fréhel, des rêves de Buick et de Cadillac, les *Misérables* de Hugo, avec Jean Valjean en veste prince-de-galles et Cosette en gilet marron à fines rayures, sandales raphia, carrées, à la japonaise. Au fond de son sac, elle aurait des Babar, des Tintin, des Dupond-Dupont, des Bécassine, et, comme tout le monde, elle aurait des soucis, quelques sushis et des soufis. Elle aime beaucoup les soufis. C'est son voisin de palier qui lui a présenté les soufis. Le barde, comme elle l'appelle. Moustaki. Oui, si elle venait au Déjanté de Sa Majesté, Brigitte Fontaine, ce serait le deuxième habitant de la rue Saint-Louis-en-l'Île à être invité. En plus discrète, bien sûr ! Parce que Moustaki, il vient chaque année, quelque fois deux fois par an ! Elle aurait aussi apporté des boîtes de couleur, des boîtes à musique…

Brigitte Fontaine, elle marche au plaisir, et pas du lourd, ni de l'ordinaire, que du sans plomb ! Alors en piochant dans son sac à maléfices, elle nous aurait appris à jouer à câlin-maillard, à la balle en soie, à la horde à sauter, au chenal à bascule, au concert-volant, aux chemins de Ferré, aux gens d'larmes et aux vogueurs, au jeu des phoebus, au bilbloqué, à pignon vole, aux lichettes, aux patins à mouillette, à la bouteille navale, aux mains jaunes, aux mots creusés et aux chamades, à cache tant pis, aux quatre poings, au saut à l'ecclésiastique, à la chant d'elle, au chant de lui, au feu de quilles, à la mariole, aux mill' cadeaux, à la tout pitre, à la tchatche au trésor, aux ocelots, à la carpette, au ça perché, aux rayons de couleur, au chemin de phare, à saute-maton, au ballon tisonnier… on aurait fait des parties, et tout de suite après des belles, jamais de revanches…

Si je la rencontrais, je ne lui dirais pas « vous êtes folle ! », elle trouve ça limitatif, je dirais même limite hâtif ! Il n'y aurait qu'à écouter sa chanson *Folie*, c'est plein de tristesse, de rage, de tombeau glacé et de plumes de canari. Alors là, oui, madame, ça c'est de la folie, c'est pas comme leur gentille bargeoterie, leur frappadinguerie d'artifice, leur déjanterie-déchetterie… Non, Brigitte Fontaine, elle est comme le chat de sa chanson, c'est un vrai tueur né, un petit volcan tendre et fiévreux. Elle habite une île en plein Paris, et si cette île Saint-Louis, comme le chantait Ferré, en avait marre, si elle larguait un jour les amarres, elle emmènerait Brigitte et toutes ses fringues, et son écharpe arc-en-ciel, peut-être qu'elle irait accoster au cap Fréhel, là-bas, en Bretagne tapissée de falaises, et qu'elle deviendrait immortelle !

En tout cas, j'imagine que si on l'invitait, au Siphonné de l'Altesse, elle sortirait de sa douche, Betty Boop, en tailleur vert de chez Gaultier, elle sourirait et elle dirait : « T'occupe pas, Stéphane, donne-moi du nougat ! »

Merci à Gilles Roca qui a plongé, sans aide respiratoire, dans ce magma de mots, pour y pêcher la faute, animal sournois, de type *orthografus maliciosus* qui, m'a-t-on dit, pullule dans ces contrées !

Achevé d'imprimer sur les presses de

BUSSIÈRE
GROUPE CPI

à Saint-Amand-Montrond (Cher)
en février 2005
pour les Éditions du Pré aux Clercs
12, avenue d'Italie
75013 Paris

Composé par Nord Compo
à Villeneuve-d'Ascq

N° d'impression : 050609/1.
Dépôt légal : février 2005.

Imprimé en France